JN044072

フィリピン語が1週間でいとも簡単に話せるようになる本

はじめに

Magandang hapon po.（こんにちは）

本書は「フィリピンのことをもっと知りたい」「フィリピンの人たちともっとコミュニケーションを取れるようになりたい」という初心者のための本です。

7日間に渡り、フィリピン語の文字、発音、基本の言葉、基本構文（肯定文、否定文、疑問文）など、フィリピン語の基本を学習していきましょう。

本書では1日目の「基本の言葉」、2～7日目の会話フレーズ、および付録（基本単語）にそれぞれカタカナ読みをつけていますので、初心者の方もフィリピン語の読み方を理解できるようになります。

音声は、フィリピン人が話している普通のスピードです。繰り返し聞いて、発音・リズムに慣れていくことをおすすめします。

フィリピンには多くの島があり、地域によって様々な言語が話されています。それらの中でも特にミンダナオ島、ルソン島において話者の多い「セブアノ語」（Cebuano）と「イロカノ語」（Ilocano）の簡単なあいさつなどを本書（pp190～193）で紹介しています。
旅行や仕事などで現地を訪れたときに、ぜひ使ってみてください。

佐川年秀

目　次

2日目　基本構文（1）

3日目　基本構文（2）

4日目　動詞の文

5日目　疑問詞のある文（1）

6日目　疑問詞のある文（2）

7日目　会話　実践編

音声について

下記を収録しています。

1日目

p16～の「基本の言葉」(人称代名詞、指示代名詞、主な疑問詞、数詞、時間、月、曜日、日、週、月、年、四季、方向、位置) の各単語を「日本語→フィリピン語」の順に読んでいます。

2～6日目

それぞれ「基本フレーズ」(フィリピン語→日本語)、「基本構文を使って言ってみよう」(日本語→フィリピン語) を読んでいます。

7日目

各シーンのフレーズを「日本語→フィリピン語」の順に読んでいます。

明日香出版社のホームページにアクセスして音声データ (mp3形式) をダウンロードしてください。
パソコン、携帯端末で聞くことができます。
https://www.asuka-g.co.jp/dl/isbn978-4-7569-2357-8/

※本書は『CD BOOK フィリピン語が1週間でいとも簡単に話せるようになる本』(2018年発行) の音声をダウンロードできるようにしたものです。

※音声の再生にはmp3ファイルを再生できる機器などが必要です。ご使用の機器、音声再生ソフトなどに関する技術的なご質問はメーカーにお願いいたします。音声ダウンロードサービスは予告なく終了することがあります。

※図書館ご利用者も音声をダウンロードしてご使用できます。

※本書の内容、音声に関するお問い合わせは弊社ホームページからお願いいたします。

1日目

フィリピン語について

☆ フィリピン語の文字

ポイント解説

英語のアルファベットは「A, B, C, D …」の 26 文字ですが、フィリピン語では 28 文字あります。

タガログ語の文字（20 文字）に、8 文字（C, F, J, Ñ, Q, V, X, Z）を加えたものです。

A	a	K	k	S	s
B	b	L	l	T	t
C	c	M	m	U	u
D	d	N	n	V	v
E	e	Ñ	ñ	W	w
F	f	NG	ng	X	x
G	g	O	o	Y	y
H	h	P	p	Z	z
I	i	Q	q		
J	j	R	r		

● ABKD（アバカダ）とは

タガログ語の文字は「A, B, K, D …」という順で、3 番目には英語のアルファベットのＣの代わりにＫをおきます。

最初の 4 文字「A」「B」「K」「D」をそれぞれ「ア」「バ」「カ」「ダ」と読むことから「アバカダ」と呼ばれています。

アバカダ以外の下記の 8 文字は、固有名詞や外来語などに使われることがあります。

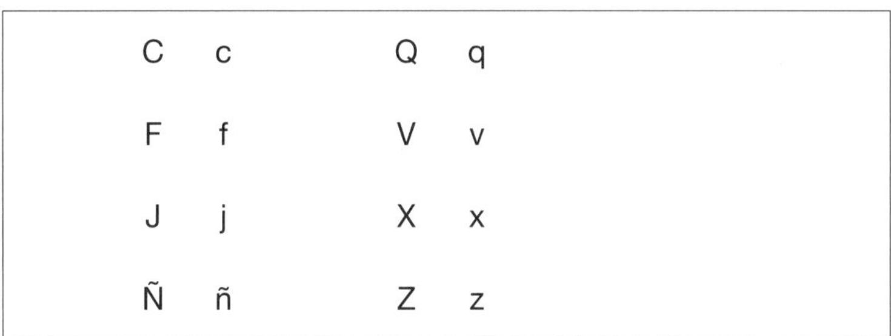

C	c	Q	q
F	f	V	v
J	j	X	x
Ñ	ñ	Z	z

※ Ñ、ñ はスペイン語に由来します。

☆ フィリピン語の母音、子音

ポイント解説

●フィリピン語の母音

フィリピン語の母音は５つです。

a	e	i	o	u

基本的にはローマ字を読む要領で発音します。

●フィリピン語の子音

フィリピン語の子音は 24 あります。そのうち「声門閉鎖音」は文字表記されません。

<日本語とほぼ同じ要領で発音する子音　13 個>

下記の 13 個は、日本語とほぼ同じ要領で発音されます。

b	d	g	h	k	m	n
p	r	s	t	w	y	

<注意すべき子音　2個>

l	ng

「l」は英語の「l」に近い音です。

「ng」は鼻濁音です。

<固有名詞や外来語などで現れる子音　8個>

c	f	j	ñ	q	v	x	z

上記の子音8個はあまり使われず、固有名詞や外来語などに現れます。

<声門閉鎖音>

アルファベット文字では表されない子音です。

例えば日本語で「はいっ」と言うときの「っ」の部分の音のように、のどを閉じて息を止めることによって発せられる音です。通常、表記されません。

1日目 3 基本の言葉（1） Track 1

☆ 人称代名詞

下記のように、3 つのグループがあります。

< ang 形>「～は」

	単数形			複数形		
1 人称	私	ako	アコ	私たち	tayo kami	タヨ カミ
2 人称	君 あなた	ikaw ka kayo	イカウ カ カヨ〔丁寧〕	君たち あなたたち	kayo	カヨ
3 人称	彼／彼女	siya	シヤ	彼ら／彼女ら	sila	シラ

< sa 形>「～に」「～の」〔前置〕

	単数形			複数形		
1 人称	私	akin	アキン	私たち	atin amin	アティン アミン
2 人称	君 あなた	iyo	イヨ	君たち あなたたち	inyo	イニョ
3 人称	彼／彼女	kanya	カニャ	彼ら／彼女ら	kanila	カニラ

< ng 形>「～の」〔後置〕

	単数形			複数形		
1 人称	私	ko	コ	私たち	natin namin	ナティン ナミン
2 人称	君 あなた	mo	モ	君たち あなたたち	ninyo	ニニョ
3 人称	彼／彼女	niya	ニヤ	彼ら／彼女ら	nila	ニラ

※１人称複数形「私たち」について。

< ang 形>

tayo［タヨ］は相手を含みます。

kami［カミ］は相手を含みません。

< sa 形>

atin［アティン］は相手を含みます。

amin［アミン］は相手を含みません。

< ng 形>

natin［ナティン］は相手を含みます。

namin［ナミン］は相手を含みません。

☆　指示代名詞

下記のように、3 つのグループがあります。

< ang 形>「〜は」

単数形		複数形	
これ	ito イト	これら	ang mga ito アン　マガ　イト
それ	iyan イヤン	それら	ang mga iyan アン　マガ　イヤン
あれ	iyon イヨン	あれら	ang mga iyon アン　マガ　イヨン

< sa 形>「〜の」

単数形		複数形	
これ、ここ	dito / rito ディト　リト	これら	sa mga ito サ　マガ　イト
それ、そこ	diyan / riyan ディャン　リャン	それら	sa mga iyan サ　マガ　イヤン
あれ、あそこ	doon / roon ドオン　ロオン	あれら	sa mga iyon サ　マガ　イヨン

< ng 形>「〜の」

単数形		複数形	
これ	nito ニト	これら	ng mga ito ナン　マガ　イト
それ	niyan ニヤン	それら	ng mga iyan ナン　マガ　イヤン
あれ	niyon ニヨン	あれら	ng mga iyon ナン　マガ　イヨン

※ ito、iyan、iyon について。

ito（これ）は話し手の近くにあるものを指し、iyan（それ）は相手の近くにあるものを指します。

iyon（あれ）は話し手と相手、両者から遠いものを指します。目に見えないものを指す場合もあります。

単数形の ito、iyan、iyon が主語になるときは ang は必要ありませんが、複数形の場合は ang が必要です。

☆ 主な疑問詞

いくつ〔数〕	Ilan ～？ イラン
いくつ〔年令〕	Ilang taon ～？ イラン タオン
いくら〔値段〕	Magkano ～？ マグカーノ
いくら〔量〕	Gaano ～？ ガアノ
いつ	Kailan ～？ カイラン
誰	Sino ～？ シノ
どうやって	Paano ～？ パアノ
どこ	Nasaan ～ ナサアン Saan ～？ サアン
どのくらい〔距離〕	Gaano kalayo ～？ ガアノ　カラヨ
どのくらい〔時間〕	Gaano katagal ～？ ガアノ　カタガル

どのように、 いかが	Kumusuta ～？ クムスタ
どれ	Alin ～？ アリン
どんな～ （何の～）	Anong ～？ アノン
何	Ano ～？ アノ
何人	Ilan kayo ～？ イラン カヨ
なぜ、どうして	Bakit ～？ バキット

☆ 数詞

フィリピン語の数詞は、スペイン語からの借用が多いです。
時刻を表現するときは、スペイン語が使われます。

	フィリピン語	スペイン語
0	siro / zero シロ　ゼロ	sero セロ
1	isa イサ	uno ウノ
2	dalawa ダラワ	dos ドス
3	tatlo タトゥロ	tres トゥレス
4	apat アパトゥ	kuwatro クワトゥロ
5	lima リマ	singko スィンコ
6	anim アニム	sais サイス
7	pito ピト	siyete スィエテ
8	walo ワロ	otso オーチョ
9	siyam シイヤム	nuwebe ヌウェベ
10	sampu サムプ	diyes ディイエス
11	labing-isa ラビン　イサ	onse オンセ
12	labindalawa ラビンダラワ	dose ドーセ

13	labintatlo ラビンタットロ	trese トレーセ
14	labing-apat ラビン　アーパット	katorse カトルセ
15	labinlima ラビンリマ	kinse キンセ
16	labing-anim ラビン　アーニム	disisais ディスィサイース
17	labimpito ラビムピト	disisiyete ディスィスィエテ
18	labingwalo ラビンワロ	disiotso ディスィオチョ
19	labinsiyam ラビンシャム	disinuwebe ディスィヌエベ
20	dalawampu ダラワンプ	beynte ベインテ
30	tatlumpu タトルムプ	treynta / trenta トレインタ　トレンタ
40	apatnapu アパトナプ	kuwarenta クワレンタ
50	limampu リマムプ	singkuwenta スィンクエンタ
60	animnapu アニムナプ	sesenta セセンタ
70	pitumpu ピトゥンプ	setenta セテンタ
80	walumpu ワルンプ	otsenta オチェンタ
90	siyamnapu シャムナプ	nobenta ノベンタ
100	sandaan サンダアン	siyento スィエント
1000	isang libo イサン リボ	mil ミル
10000	sampung libo サンプン　リボ	diesmil ディスミル

☆ 時間（～時などの言い方）

1時	ala una	アラ　ウーナ
2時	alas dos	アラス　ドス
3時	alas tres	アラス　トレス
4時	alas kuwatro	アラス　クワートロ
5時	alas singko	アラス　シンコ
6時	alas sais	アラス　サイス
7時	alas siyete	アラス　シエテ
8時	alas otso	アラス　オーチョ
9時	alas nuwebe	アラス　ヌウェベ
10時	alas diyes	アラス　ディイエス
11時	alas onse	アラス　オンセ
12時	alas dose	アラス　ドーセ

朝	umaga	ウマガ
昼	tanghali	タンハーリッ
夜	gabi	ガビ

午前	ng umaga	ナン　ウマガ
午後	ng hapon	ナン　ハーポン

☆ 月

1月	Enero	エネロ
2月	Pebrero	ペブレロ
3月	Marso	マルソ
4月	Abril	アブリル
5月	Mayo	マーヨ
6月	Hunyo	フーニョ
7月	Hulyo	フーリョ
8月	Agosto	アゴスト
9月	Septyembre	セプティエンブレ
10月	Oktubre	オクトゥブレ
11月	Nobyembre	ノビエンブレ
12月	Disyembre	ディスィエンブレ

☆　曜日

日曜日	Linggo	リンゴ
月曜日	Lunes	ルーネス
火曜日	Martes	マルテス
水曜日	Miyerkules	ミイエクレス
木曜日	Huwebes	フェーベス
金曜日	Biyernes	ビエルネス
土曜日	Sabado	サバド

☆ 日、週、月、年

今日	ngayon	ガヨン
明日	bukas	ブーカス
昨日	kahapon	カハーポン

今週	itong linggo	イトン　リンゴ
来週	sa isang linggo	サ　イサン　リンゴ
先週	noong isang linggo	ノオン　イサン　リンゴ

今月	itong buwan	イトン　ブーワン
来月	sa isang buwan	サ　イサン　ブーワン
先月	noong isang buwan	ノオン　イサン　ブーワン

今年	itong taon	イトン　タオン
来年	sa isang taon	サ　イサン　タオン
去年	noong isang taon	ノオン　イサン　タオン

☆　四季

春	tagsibol　　タグスイボル
夏	tag-init　　タグ　イニット
秋	taglagas　　タグラガス
冬	taglamig　　タグラミッグ

☆ 方向

東	silangan	シランガン
西	kanluran	カンルーラン
南	timog	ティモッグ
北	hilaga	ヒラガ

右	kanan	カナン
左	kaliwa	カリワ

☆ 位置

前	harap	ハラプ
後ろ	likod	リコド
上	itaas	イタアース
下	ibaba	イババ

知っておくと便利な表現

●頻度

lagi　「いつも～する」

bihira　「めったに～しない」

madalas「よく～する」

●起点・着点

mula ～　「～から」

hanggang ～「～まで」

●禁止

Huwag ～「～してはいけない」〔一般的な注意、禁止〕

Bawal ～「～禁止」〔規則など〕

●推測

Siguro ～　「たぶん～」

Sigurado ～「きっと～」「絶対～」

●仮定

Pag ～　「もし～したら」

Kung ～「もし～したら」

2日目

基本構文（1）

2日目 1 「～は…です」(1) Track 8

基本構文

A は B です。

B〔述語〕＋ A〔主語〕

基本フレーズ

Empleyado ako.
エンプレヤード　アコ

私は会社員です。

ポイント解説

フィリピン語の語順は、基本的には「述語＋主語」です。英語の be 動詞（am, is, are, was, were）にあたる語はフィリピン語にはありません。

＜日本語＞	＜フィリピン語＞
A は B です。	B〔述語〕＋ A〔主語〕
私は会社員です。 A　B	Empleyado ako. B　A 会社員　私

私は～です。　～ ako.
彼〔彼女〕は～です。　～ siya.
これは～です。　～ ito.
あれは～です。　～ iyon.

※「～」には名詞や形容詞がきます。

基本構文を使って言ってみよう　Track 8

1 私は日本人です。〔男性〕

Hapon ako.
ハポン　アコ

※ Haponesa「日本人」〔女性〕
ハポネーサ

2 私は学生です。

Estudyante ako.
エストゥジャンテ　アコ

3 私は教師です。

Guro ako.
グーロ　アコ

4 彼〔彼女〕は医者です。

Doktor siya.
ドクトル　シヤ

5 彼〔彼女〕はまだ子供です。

Bata pa siya.
バータ　パ　シヤ

6 これはプレゼントです。

Regalo ito.
レガーロ　イト

単語の解説

□ Hapon：日本人〔男性〕	□ siya：彼、彼女
□ estudyante：学生	□ bata：子供
□ guro：教師	□ pa：まだ、他に
□ doktor：医者	□ regalo：プレゼント

2日目 2 「〜は…です」(2)　Track 9

基本構文

A は B です。

B〔述語〕＋ A〔主語〕

基本フレーズ

Masaya ako.
マサヤ　アコ

私は楽しいです。

ポイント解説

「私は楽しいです」「私は寂しいです」のように、気持ちや感情などを表すときも、34 〜 35 ページと同様に「述語＋主語」で表すことができます。

＜日本語＞	＜フィリピン語＞
A は B です。	B〔述語〕＋ A〔主語〕

私は楽しいです。 （私＝A、楽しい＝B）	Masaya ako. （Masaya＝B 楽しい、ako＝A 私）

私は〜です。	〜 ako.
あなたは〜です。	〜 ka.
これは〜です。	〜 ito.
それは〜です。	〜 iyan.

基本構文を使って言ってみよう　Track 9

1 私は寂しいです。　**Nalulungkot ako.**
ナルルンコット　アコ

2 私は悲しいです。　**Malungkot ako.**
マルンコット　アコ

3 私は寒いです。　**Nilalamig ako.**
ニララミッグ　アコ

4 あなたは美しいです。　**Maganda ka.**
マガンダ　カ

5 これは高いです。　**Mahal ito.**〔値段〕
マハル　イト

6 バナナはおいしいです。　**Masarap ang saging.**
マサラップ　アン　サーギン

単語の解説

- □ nalulungkot：寂しい
- □ malungkot：悲しい
- □ nilalamig：寒い
- □ maganda：美しい、きれい
- □ mahal：高い
- □ ito：これ
- □ masarap：おいしい
- □ saging：バナナ

2日目 3 「～は…ではありません」(1) Track 10

基本構文

A は B ではありません。

Hindi ＋ A〔主語〕＋ B〔述語〕

基本フレーズ

Hindi ako estudyante.
ヒンディ　アコ　エストゥジャンテ

私は学生ではありません。

ポイント解説

「私は～ではありません」「これは～ではありません」のように否定して言うときは、最初に Hindi（～ない）をつけて、「Hindi ＋主語＋述語」で表します。※主語が人称代名詞、指示代名詞のとき。

＜日本語＞	＜フィリピン語＞
A は B ではありません。	Hindi ＋ A〔主語〕＋ B〔述語〕

私は学生ではありません。
（私＝A、学生＝B）

Hindi ako estudyante.
（Hindi＝～ない、ako＝A：私、estudyante＝B：学生）

私は～ではありません。	Hindi ako ～ .
彼〔彼女〕は～ではありません。	Hindi siya ～ .
それは～ではありません。	Hindi iyan ～ .
あれは～ではありません。	Hindi iyon ～ .

※「～」には名詞や形容詞がきます。

基本構文を使って言ってみよう　Track 10

1 私はフィリピン人ではありません。〔男性〕

Hindi ako Pilipino.
ヒンディ　アコ　ピリピーノ

2 私はフィリピン人ではありません。〔女性〕

Hindi ako Pilipina.
ヒンディ　アコ　ピリピーナ

3 彼は中国人ではありません。

Hindi siya Intsik.
ヒンディ　シヤ　インチック

4 彼女は中国人ではありません。

Hindi siya Intsik.
ヒンディ　シヤ　インチック

5 それは辞書ではありません。

Hindi iyan diksiyunaryo.
ヒンディ　イヤン　ディクシュナリヨ

6 あれは花ではありません。

Hindi iyon bulaklak.
ヒンディ　イヨン　ブラクラック

単語の解説

- □ Pilipino：フィリピン人〔男性〕
- □ Pilipina：フィリピン人〔女性〕
- □ siya：彼、彼女
- □ Intsik：中国人〔男性、女性共通〕
※ Tsino（チーノ）（中国人男性）、Tsina（チーナ）（中国人女性）は古い表現。
- □ iyan：それ
- □ diksiyunaryo：辞書
- □ iyon：あれ
- □ bulaklak：花

2日目 4 「～は…ではありません」(2) Track 11

基本構文

A は B ではありません。

Hindi ＋ B〔述語〕＋ A〔主語〕

基本フレーズ

Hindi estudyante si Maria.
ヒンディ　エストゥジャンテ　シ　マリア

マリアは学生ではありません。

ポイント解説

「マリアは～ではありません」「そのコーヒーは～ではありません」のように、主語が人名や一般名詞の場合は「Hindi ＋述語＋主語」で表します。

＜日本語＞	＜フィリピン語＞
A は B ではありません。	Hindi ＋ B〔述語〕＋ A〔主語〕
マリアは学生ではありません。 (マリア=A、学生=B)	Hindi estudyante si Maria. (Hindi=～ない、estudyante=B 学生、si Maria=A マリア)
ベンは～ではありません。	Hindi ～ si Ben.
その男性は～ではありません。	Hindi ～ ang lalaking iyon.
この女性は～ではありません。	Hindi ～ ang babae iyon.

※「～」には名詞や形容詞がきます。
※人名（Maria など）が主語の場合は、その前に si をつけます。
※一般名詞が主語の場合は、その前に ang をつけます。

基本構文を使って言ってみよう　Track 11

1 ベンはフィリピン人ではありません。〔男性〕

Hindi Pilipino si Ben.
ヒンディ　ピリピーノ　シ　ベン

2 マリアはフィリピン人ではありません。〔女性〕

Hindi Pilipina si Maria.
ヒンディ　ピリピーナ　シ　マリア

3 その男性は医者ではありません。

Hindi doktor ang lalaking iyon.
ヒンディ　ドクトル　アン　ララーキン　イヨン

4 その女性は美しくありません。

Hindi maganda ang babae iyon.
ヒンディ　マガンダ　アン　ババーエ　イヨン

5 そのコーヒーは熱くない。

Hindi mainit ang kapeng iyon.
ヒンディ　マイーニットアン　カペン　イヨン

6 この野菜は新鮮ではありません。

Hindi sariwa ang mga gulay.
ヒンディ　サリワ　アン　マガ　グーライ

単語の解説

□ lalaki：男性
□ babae：女性
□ maganda：美しい、きれい
□ mainit：熱い
□ kape：コーヒー
□ sariwa：新鮮な
□ ang mga　※複数形を表す。
□ gulay：野菜

2日目 5 「～は…ですか？」（1） Track 12

基本構文

A は B ですか？

B〔述語〕＋ ba ＋ A〔主語〕?

基本フレーズ

Estudyante po ba kayo?
エストゥジャンテ　ポ　バ　カヨ

あなたは学生ですか？

ポイント解説

「A は B ですか？」とたずねるときは「B〔述語〕+ ba + A〔主語〕？」で表します。

答えるときは、「はい」の場合は Oo.［オオ］、「いいえ」の場合は Hindi.［ヒンディ］が一般的です。

＜日本語＞	＜フィリピン語＞
A は B ですか？	B〔述語〕 + ba + A〔主語〕？
あなたは学生ですか？	Estudyante po ba kayo?
A　B	B　A
	学生　か　あなた

※ po をつけると丁寧な言い方になります。

※ kayo は「あなたたち」の意味ですが、po と共に使われると「あなた」の丁寧な言い方になります。

※ ka（君、あなた）は、文頭から 2 番目の位置にきます。
例　Estudyante ka ba?　君は学生ですか？

基本構文を使って言ってみよう　Track 12

1 あなたはフィリピン人ですか？〔男性に〕

Pilipino ka ba?
ピリピーノ　カ　バ

Pilipino po ba kayo?〔丁寧〕
ピリピーノ　ポ　バ　カヨ

2 あなたはフィリピン人ですか？〔女性に〕

Pilipina ka ba?
ピリピーナ　カ　バ

Pilipina po ba kayo?〔丁寧〕
ピリピーナ　ポ　バ　カヨ

3 あなたは独身ですか？〔男性に〕

Binata ka ba?
ビナタ　カ　バ

Binata po ba kayo?〔丁寧〕
ビナタ　ポ　バ　カヨ

4 あなたは独身ですか？〔女性に〕

Dalaga ka ba?
ダラガ　カ　バ

Dalaga po ba kayo?〔丁寧〕
ダラガ　ポ　バ　カヨ

単語の解説

□ Pilipino：フィリピン人〔男性〕
□ Pilipina：フィリピン人〔女性〕
□ po　※丁寧。
□ ba：〜か
□ kayo：あなた
□ binata：独身〔男性〕
□ dalaga：独身〔女性〕

2日目 6「～は…ですか？」(2)

基本構文

A は B ですか？

B〔述語〕+ ba + A〔主語〕?

基本フレーズ

Estudyante ba si Maria?
エストゥジャンテ　バ　シ　マリア

マリアは学生ですか？

ポイント解説

「マリアは～ですか？」「そのコーヒーは～ですか？」のようにたずねるとき、主語が人名や一般名詞の場合も 42 ～ 43 ページと同様に「B〔述語〕+ ba + A〔主語〕?」で表します。

＜日本語＞	＜フィリピン語＞
A は B ですか？	B〔述語〕+ ba + A〔主語〕?
マリアは学生ですか？ （マリア = A、学生 = B）	Estudyante ba si Maria? （Estudyante = B 学生、ba = か、si Maria = A マリア）
ラウルは～ですか？	～ ba si Raul?
カレンは～ですか？	～ ba si Karen?
そのパパイヤは～ですか？	～ ba ang papayang iyon?

※人名（Maria など）が主語の場合は、その前に si をつけます。
※一般名詞が主語の場合は、その前に ang をつけます。

基本構文を使って言ってみよう　Track 13

1 ロペス氏はアメリカ人〔男性〕ですか？

Amerikano ba si Ginoong Lopez?
アメリカーノ　バ　シ　ギノオン　ロペス

2 ラウルは勤勉ですか？

Masipag ba si Raul?
マスィーパグ　バ　シ　ラウル

3 カレンは親切ですか？

Mabait ba si Karen?
マバイト　バ　シ　カレン

4 そのコーヒーは熱いですか？

Mainit ba ang kapeng iyon?
マイーニット バ　アン　カペン　イヨン

5 その試験は難しいですか？

Mahirap ba ang eksam na iyon?
マヒーラップ　バ　アン　イグザム　ナ　イヨン

単語の解説

- □ Amerikano：アメリカ人〔男性〕
- □ Ginoong ～：～氏
- □ masipag：勤勉な
- □ mabait：親切な
- □ mainit：熱い
- □ kape：コーヒー
- □ mahirap：難しい
- □ eksam：試験

☆　よく使う形容詞

大きい 小さい	malaki maliit	マラキ マリイット
長い 短い	mahaba maigsi	マハーバ マイッグスイ
新しい 古い	bago luma	バーゴ ルーマ
多い 少ない	marami kaunti / konti	マラーミ カウンティ／コンティ
高い 低い	mataas mababa	マタアス マバーバ
値段が高い 値段が安い	mahal mura	マハール ムーラ
広い 狭い	malawak makipot	マラーワック マキーポット
重い 軽い	mabigat magaan	マビガット マガアン
速い 遅い	mabilis mabagal	マビリス マバーガル
強い 弱い	malakas mahina	マラカス マヒーナ
固い 柔らかい	matigas malambot	マティガス マランボット

近い 遠い	**malapit** **malayo**	マラーピット マラーヨ
明るい 暗い	**maliwanag** **madilim**	マリワーナッグ マディリム
清潔な 汚い	**malinis** **marumi**	マリーニス マルミ
静かな うるさい	**tahimik** **maingay**	タヒーミック マイガイ
簡単な 難しい	**madali** **mahirap**	マダリ マヒーラップ
良い 悪い	**mabuti** **masama**	マブーティ マサマ
若い 老いた	**bata** **matanda**	バータ マタンダ
やせた 太った	**payat** **mataba**	パヤット マタバ
金持ちの 貧しい	**mayaman** **mahirap**	マヤーマン マヒーラップ
正しい、十分な 間違った	**tama** **mali**	ターマ マリ
美しい、質が良い 醜い、質が悪い	**maganda** **pangit**	マガンダ パギット

3日目

基本構文（2）

3日目 1 「～があります／います、～を持っています」 Track 14

基本構文

～があります／います。～を持っています。

May ～

Mayroon ～

基本フレーズ

May kotse ako.
マイ　コーチェ　アコ

Mayroon akong kotse.
マイロオン　アコン　コーチェ

私は車を持っています。

ポイント解説

「～があります」「～がいます」「～を持っています」のように「物・人の存在」「物の所有」を表すときは、May ～や Mayroon ～などで表すことができます。

May の後には名詞（句）がきます。Mayroon を使うときは名詞（句）との間に繋辞（リンカー）が必要です。

＜日本語＞	＜フィリピン語＞
～があります。 ～がいます。 ～を持っています。	May ～ . Mayroon ～ .

※話し言葉では Meron ～も使われます。

※「～をたくさん持っています」は Marami(ng) ～で表すことができます。

例　トニーは腕時計をたくさん持っている。 Maraming relo si Tony.
たくさん持つ 腕時計 トニー

基本構文を使って言ってみよう　Track 14

1 用事があります。

Mayroon akong gagawain.
マイロオン　アコン　ガガワイン

2 熱があります。

May lagnat ako.
マイ　ラグナット　アコ

3 もう恋人がいます。

May syota na ako.
マイ　ショータ　ナ　アコ

4 もう夫〔妻〕がいます。（結婚しています。）

May asawa na ako.
マイ　アサワ　ナ　アコ

5 通りに犬がいます。

May aso sa kalye.
マイ　アーソ　サ　カリエ

6 トニーは腕時計を持っている。

Mayroong relo si Tony.
マイロオン　レロ　シ　トニー

単語の解説

- □ gagawain：用事
- □ lagnat：熱
- □ syota：恋人
- □ na：もう
- □ asawa：夫、妻
- □ aso：犬
- □ kalye：通り
- □ relo：腕時計、時計

3日目 2 「～はありません／いません、～を持っていません」 Track 15

基本構文

～はありません／いません。～を持っていません。

Wala ～

基本フレーズ

Wala akong kotse.
ワラ　アコン　コーチェ

私は車を持っていません。

ポイント解説

「～はありません」「～はいません」「～を持っていません」と言うときは、最初にWala（～ない）をつけて、Wala ～で表します。名詞（句）との間に繋辞（リンカー）が必要です。

Hindi ～とは言わないので注意しましょう。

＜日本語＞	＜フィリピン語＞
～はありません。 ～はいません。 ～を持っていません。	Wala ～ . Walang ～ .

彼女はここにいません。　Wala siya rito.
（いない 彼女 ここ）

私は車を持っていません。　Wala akong kotse.
（ない 私 車）

基本構文を使って言ってみよう　Track 15

1 私には時間がありません。

Wala akong oras.
ワラ　アコン　オーラス

2 私は食欲がありません。

Wala akong gana.
ワラ　アコン　ガーナ

3 彼女はここにいません。

Wala siya rito.
ワラ　シヤ　リト

4 彼は今いません。

Wala (po) siya ngayon.
ワラ　ポ　シヤ　ガヨン

5 私は小銭を持っていません。

Wala akong barya.
ワラ　アコン　バリヤ

6 トニーは腕時計を持っていない。

Walang relo si Tony.
ワラン　レロ　シ　トニー

単語の解説

□ oras：時間	□ po　※丁寧。
□ gana：食欲	□ ngayon：今、今日
□ siya：彼、彼女	□ barya：小銭
□ rito：ここ	□ relo：腕時計、時計

3日目 3 「～はありますか／いますか？」 Track 16

基本構文

～はありますか／いますか？

May ～？

Mayroon ～？

基本フレーズ

May oras ka ba?
マイ オーラス カ バ

時間はありますか？

ポイント解説

「～はありますか？」「～はいますか？」のように「物・人の存在」をたずねるときは、May ～？や Mayroon ～？などで表すことができます。

＜日本語＞	＜フィリピン語＞
～はありますか？	May + 物・人 + ba + 所有者・場所 ?
～はいますか？	Mayroon + bang + 物・人 + 所有者・場所 ?

※主語が ka（君、あなた）の場合、ka の後に ba がきます。
例　時間はありますか？　May oras ka ba?
ある 時間 君 か

※答え方の例
〈肯定〉ありま す。いま す。　May. / Mayroon.
〈否定〉ありません。いません。　Wala.

基本構文を使って言ってみよう　Track 16

1 空き部屋はありますか？

Mayroon ba kayong bakanteng kuwarto?
マイロオン　バ　カヨン　バカンテン　クワルト

2 日本語の新聞はありますか？

Mayroon ba kayong dyaryong Hapon?
マイロオン　バ　カヨン　ジャーリョン　ハポン

3 もっと大きいものはありますか？

Mayroon ba kayong mas malaki?
マイロオン　バ　カヨン　マス　マラキ

4 恋人はいますか？

May kasintahan ka ba?
マイ　カシンターハン　カ　バ

Mayroon ka bang kasintahan?
マイロオン　カ　バン　カシンターハン

5 フィリピンに恋人はいますか？

May syota ka ba sa Pilipinas?
マイ　ショータ　カ　バ　サ　ピリピーナス
※ syota（恋人）はスラング。

6 結婚していますか？（夫〔妻〕はいますか？）

May asawa ba kayo?
マイ　アサワ　バ　カヨ

単語の解説

□ bakanteng kuwarto：空き部屋
□ dyaryong Hapon：日本語の新聞
□ mas：もっと、より
□ malaki：大きい
□ kasintahan：恋人
□ asawa：夫、妻

3日目 ― 基本構文 (2)

3日目 4「～を持っていますか？」 Track 17

基本構文

～を持っていますか？

May ～？

Mayroon ～？

基本フレーズ

May kotse ka ba?
マイ　コーチェ　カ　バ

あなたは車を持っていますか？

ポイント解説

「～を持っていますか？」のように「物の所有」をたずねるときは、54～55ページと同様にMay ～？やMayroon ～？などで表すことができます。Meron ～？という言い方もあります。

<日本語>	<フィリピン語>
～を持っていますか？	May +［物・人］+ ba +［所有者・場所］？
	Mayroon + bang +［物・人］+［所有者・場所］？

※主語がka（君、あなた）の場合、kaの後にbaがきます。

例　あなたは車を持っていますか？　May kotse ka ba?（持つ　車　あなた　か）

※答え方の例

〈肯定〉持っています。　May. / Mayroon.

〈否定〉持っていません。　Wala.

基本構文を使って言ってみよう　Track 17

1 君はもう腕時計を持っているの？

May relo ka na ba?
マイ　レロ　カ　ナ　バ

2 あなたはチケットを持っていますか？

Meron ka bang tiket?
メロン　カ　バン　ティケット

3 あなたはペンを持っていますか？

Mayroon po ba kayong ballpen?
マイロオン　ポ　バ　カヨン　ボルペン

4 あなたはお金を持っていますか？

May pera ka ba?
マイ　ペーラ　カ　バ

5 あなたはお金を持って来ていますか？

May dala ka bang pera?
マイ　ダラ　カ　バン　ペーラ

6 仕事を持っていますか？（仕事はありますか？）

May trabaho ka ba?
マイ　トラバーホ　カ　バ

単語の解説

- □ relo：腕時計、時計
- □ na：もう
- □ ba：～か
- □ tiket：チケット
- □ ballpen：ペン
- □ pera：お金
- □ dala〔語根〕：持って来る／行く
- □ trabaho：仕事

3日目 5 動詞の文（現在・過去・未来）…肯定文 Track 18

基本構文

A は B します。〔現在〕
A は B するつもりです。〔未来〕
A は B しました。〔過去〕

B〔述語〕＋ A〔主語〕＋ 場所など

基本フレーズ

Pumupunta ako sa Cebu.〔現在〕
プムプンタ　アコ　サ　セブ

私はセブに行きます。

ポイント解説

「〜は〜します」と言うとき、フィリピン語では基本的に「述語＋主語」の語順になります。文頭に述語がきます。

日本語で「〜します」「〜するつもりです」「〜しました」の言い方があるように、フィリピン語にも時制があります。

＜日本語＞	＜フィリピン語＞
〔現在〕A は B します。	「動詞〔継続相〕＋主語」
〔未来〕A は B するつもりです。	「動詞〔未然相〕＋主語」
〔過去〕A は B しました。	「動詞〔完了相〕＋主語」

例

私はセブに行きます。	Pumupunta ako sa Cebu.	〔継続相〕
私はセブに行くつもりです。	Pupunta ako sa Cebu.	〔未然相〕
私はセブに行きました。	Pumunta ako sa Cebu.	〔完了相〕

基本構文を使って言ってみよう　Track 18

1 私はマニラに住んでいます。〔現在〕

Nakatira ako sa Maynila.
ナカティラ　アコ　サ　マイニーラ

2 私は今テレビを観ています。〔現在〕

Nanonood ako ng TV ngayon.
ナノノオッド　アコ　ナン ティーヴィー ガヨン

3 私たちはレストランで食べるつもりです。〔未来〕

Kakain kami sa restawran.
カーカイン　カミ　サ　レストラン

4 私はあとでテレビを観るつもりです。〔未来〕

Manonood ako ng TV mamaya.
マノノオッド　アコ　ナン　ティーヴィー　ママヤ

5 私はセブに行きました。〔過去〕

Pumunta ako sa Cebu.
プムンタ　アコ　サ　セブ

6 私はここで食事しました。〔過去〕

Kumain na ako dito.
クマイン　ナ　アコ　ディト

単語の解説

- □ nakatira〔継続相〕：住む
- □ nanonood〔継続相〕：観る
- □ kakain〔未然相〕：食べるつもりである
- □ kami：私たち※相手を含まない。
- □ manonood〔未然相〕：観るつもりである
- □ mamaya：あとで
- □ pumunta〔完了相〕：行った
- □ kumain〔完了相〕：食べた

3日目 6 動詞の文（現在・過去・未来）…否定文 Track 19

基本構文

Aは B しません。〔現在〕
Aは B するつもりはありません。〔未来〕
Aは B しませんでした。〔過去〕

Hindi ＋ A〔主語〕＋ B〔述語〕＋ 場所など

基本フレーズ

Hindi ako pumupunta sa Cebu.〔現在〕
ヒンディ アコ プムプンタ サ セブ

私はセブに行きません。

ポイント解説

「～は～します」を否定するとき、フィリピン語では基本的に「Hindi＋主語＋述語」の語順になります。Hindi は「～ない」という意味です。

日本語で「～しません」「～するつもりはありません」「～しませんでした」の言い方があるように、フィリピン語にも時制があります。

＜日本語＞	＜フィリピン語＞
〔現在〕Aは B しません。	「Hindi ＋主語＋動詞〔継続相〕」
〔未来〕Aは B するつもりはありません。	「Hindi ＋主語＋動詞〔未然相〕」
〔過去〕Aは B しませんでした。	「Hindi ＋主語＋動詞〔完了相〕」

例

私はセブに行きません。	Hindi ako pumupunta sa Cebu.〔継続相〕
私はセブに行くつもりはありません。	Hindi ako pupunta sa Cebu.〔未然相〕
私はセブに行きませんでした。	Hindi ako pumunta sa Cebu.〔完了相〕

基本構文を使って言ってみよう

Track 19

1 私はマニラに住んでいません。〔現在〕

Hindi ako nakatira sa Maynila.
ヒンディ　アコ　ナカティラ　サ　マイニーラ

2 信じられない。〔現在〕

Hindi ako naniniwala.
ヒンディ　アコ　ナニニワーラ

3 私はセブに行くつもりはありません。〔未来〕

Hindi ako pupunta sa Cebu.
ヒンディ　アコ　ププンタ　サ　セブ

4 私はあとでテレビを観るつもりはありません。〔未来〕

Hindi ako manonood ng TV mamaya.
ヒンディ　アコ　マノノオッド　ナン ティーヴィー ママヤ

5 私はセブに行きませんでした。〔過去〕

Hindi ako pumunta sa Cebu.
ヒンディ　アコ　プムンタ　サ　セブ

6 私はまだ食べていません。〔過去〕

Hindi pa ako kumain.
ヒンディ　パ　アコ　クマイン

単語の解説

- □ nakatira〔継続相〕：住む
- □ sa：～に、～へ
- □ naniniwala〔継続相〕：信じる
- □ pupunta〔未然相〕：行くつもりである
- □ manonood〔未然相〕：観るつもりである
- □ pumunta〔完了相〕：行った
- □ pa：まだ
- □ kumain〔完了相〕：食べた

3日目

基本構文(2)

3日目 7 動詞の文（現在・過去・未来）…疑問文 Track 20

基本構文

Aは B しますか？ 〔現在〕
Aは B するつもりですか？ 〔未来〕
Aは B しましたか？ 〔過去〕
B〔述語〕＋ A〔主語〕＋ ba ＋ 場所など？

基本フレーズ

Pumupunta ka ba sa Cebu?〔現在〕
プムプンタ カ バ サ セブ

君はセブに行きますか？

ポイント解説

「〜は〜しますか？」とたずねるとき、フィリピン語では基本的に「述語＋主語＋ ba ＋場所など？」の語順になります。ba は「〜か？」とたずねるときなどに使われます。

日本語で「〜しますか？」「〜するつもりですか？」「〜しましたか？」の言い方があるように、フィリピン語にも時制があります。

<日本語>	<フィリピン語>
〔現在〕Aは B しますか？	「動詞〔継続相〕＋主語＋ ba 〜？」
〔未来〕Aは B するつもりですか？	「動詞〔未然相〕＋主語＋ ba 〜？」
〔過去〕Aは B しましたか？	「動詞〔完了相〕＋主語＋ ba 〜？」

例

君はセブに行きますか？	Pumupunta ka ba sa Cebu?	〔継続相〕
君はセブに行くつもりですか？	Pupunta ka ba sa Cebu?	〔未然相〕
君はセブに行きましたか？	Pumunta ka ba sa Cebu?	〔完了相〕

基本構文を使って言ってみよう　Track 20

1 君はマニラに住んでいますか？〔現在〕

Nakatira ka ba sa Maynila?
ナカティラ　カ　バ　サ　マイニーラ

2 君はフィリピン語を話しますか？〔現在〕

Nagsasalita ka ba ng Pilipino?
ナグササリタ　カ　バ　ナン　ピリピノ

3 君はセブに行くつもりですか？〔未来〕

Pupunta ka ba sa Cebu?
ププンタ　カ　バ　サ　セブ

4 君はあとでテレビを観るつもりですか？〔未来〕

Manonood ka ba ng TV mamaya?
マノノオッド　カ　バ　ナン　ティーヴィー　ママヤ

5 君はセブに行きましたか？〔過去〕

Pumunta ka ba sa Cebu?
プムンタ　カ　バ　サ　セブ

6 あなたはもう食べましたか？〔過去〕

Kumain ka na ba?
クマイン　カ　ナ　バ

単語の解説

- □ nakatira〔継続相〕：住む
- □ nagsasalita〔継続相〕：話す
- □ Pilipino：フィリピン語
- □ pupunta〔未然相〕：行くつもりである
- □ manonood〔未然相〕：観るつもりである
- □ pumunta〔完了相〕：行った
- □ kumain〔完了相〕：食べた
- □ na：もう

3日目　基本構文(2)

☆　よく使う動詞

	不定形 〔不定相〕	現在形 〔継続相〕 ～する、 ～しつつある	過去形 〔完了相〕 ～した	未来形 〔未然相〕 ～するでしょう
行く	pumunta プムンタ	pumupunta プムプンタ	pumunta プムンタ	pupunta ププンタ
来る	pumarito プマリト	pumaparito プマパリト	pumarito プマリト	paparito パパリト
到着する	dumating ドゥマティン	dumarating ドゥマラティン	dumating ドゥマティン	darating ダラティン
食べる	kumain クマイン	kumakain クマカイン	kumain クマイン	kakain カカイン
飲む	uminom ウミノム	umiinom ウミイノム	uminom ウミノム	iinom イイノム
買う	bumili ブミリ	bumibili ブミビリ	bumili ブミリ	bibili ビビリ
見る	tumingin トゥミンギン	tumitingin トゥミティンギン	tumingin トゥミンギン	titingin ティティンギン
会う	magkita マグキタ	nagkikita ナグキキタ	nagkita ナグキタ	magkikita マグキキタ
電話する	tumawag トゥマワグ	tumatawag トゥマタワグ	tumawag トゥマワグ	tatawag タタワグ

	不定形 〔不定相〕	現在形 〔継続相〕 ～する、 ～しつつある	過去形 〔完了相〕 ～した	未来形 〔未然相〕 ～するでしょう
話す	magsalita マグサリタ	nagsasalita ナグササリタ	nagsalita ナグサリタ	magsasalita マグササリタ
聞く	makinig マキニッグ	nakikinig ナキキニッグ	nakinig ナキニッグ	makikinig マキキニッグ
書く	sumulat スムラット	sumusulat スムスラット	sumulat スムラット	susulat ススラット
読む	bumasa ブマサ	bumabasa ブマバサ	bumasa ブマサ	babasa ババサ
する	gumawa グマワ	gumagawa グマガワ	gumawa グマワ	gagawa ガガワ
去る	umalis ウマリス	umaalis ウマアリス	umalis ウマリス	aalis アーアリス
帰る	umuwi ウムウィー	umuuwi ウムウウィー	umuwi ウムウィー	uuwi ウーウウィー
戻る	bumalik ブマリック	bumabalik ブマバリック	bumalik ブマリック	babalik ババリック
教える	magturo マグトゥーロ	nagtuturo ナグトゥトゥーロ	nagturo ナグトゥーロ	magtuturo マグトゥトゥーロ

4日目

動詞の文

4日目 1「～をください」 Track 21

基本構文

～をください。～がほしいのですが。

Pahingi ～

基本フレーズ

Pahingi nito.
パヒンギ　ニト

これをください。

ポイント解説

「～をください」「～がほしいのですが」と言うときは、Pahingi ～で表すことができます。

店で買い物をするときや、レストランで注文するときなど、いろいろな場面で使える便利な表現です。

<日本語>	<フィリピン語>
～をください	Pahingi ～
これをください。	Pahingi nito. ください これ
メニューをください。	Pahingi ng menu. ください　メニュー
コーラをください。	Pahingi ng coke. ください　コーラ

基本構文を使って言ってみよう　Track 21

1 あれをください。

Pahingi niyon.
パヒンギ　ニヨン

2 領収書をください。

Pahingi ng resibo.
パヒンギ　ナン　レシーボ

3 水を一杯ください。

Pahingi ng isang basong tubig.
パヒンギ　ナン　イサン　バーソン　トゥービッグ

4 ビールを一杯ください。

Pahingi ng isang beer.
パヒンギ　ナン　イサン　ビア

5 塩をください。

Pahingi ng asin.
パヒンギ　ナン　アシン

6 毛布をください。

Pahingi ng kumot.
パヒンギ　ナン　クーモット

単語の解説

- □ niyon：あれ
- □ resibo：領収書
- □ isa：1
- □ baso：コップ
- □ tubig：水
- □ beer：ビール
- □ asin：塩
- □ kumot：毛布

4日目 2「～してください」 Track 22

基本構文

～してください。～させてください。

Pa + 動詞の語根 ～

基本フレーズ

Patingin ng menu.
パティギン　ナン　メニュー

メニューを見せてください。

ポイント解説

一部の動詞の語根に pa をつけると、「(私に) ～してください」「(私に) ～させてください」という意味になります。これらは活用しません。pa は接辞です。

<日本語>	<フィリピン語>
～してください。 ～させてください。	Pa + 動詞の語根 ～
見せてください。	Patingin.〔pa + tingin〕 tingin: 見る
飲ませてください。	Painom.〔pa + inom〕 inom: 飲む
電話させてください。	Patawag.〔pa + tawag〕 tawag: 電話する

基本構文を使って言ってみよう　Track 22

1 味見させてください。　**Patikim.**
パティキム

2 飲ませてください。　**Painom.**
パイノム

3 手伝ってください。　**Patulong.**
パトゥーロン

4 電話させてください。　**Patawag.**
パターワッグ

5 トイレを貸して。　**Pa-C.R.**
パ シーアール

6 切手をください。（切手を売ってください。）　**Pabili ng selyo.**
パビリ　ナン セーリョ

7 お金を貸してください。　**Pahiram ng pera.**
パヒラム　ナン ペーラ

単語の解説

- □ tikim〔語根〕：味見する
- □ inom〔語根〕：飲む
- □ tulong〔語根〕：助ける
- □ tawag〔語根〕：電話する
- □ C.R.：トイレ〔英語の comfort room の略〕
- □ bili〔語根〕：売る
- □ selyo：切手
- □ hiram〔語根〕：貸す
- □ pera：お金

基本構文

~がほしいです。~が好きです。

Gusto ko ng ~

基本フレーズ

Gusto ko ng lutong Pilipino.
グスト　コ　ナン　ルートン　ピリピーノ

フィリピン料理が好きです。

ポイント解説

「~がほしいです」「~が好きです」は「Gusto ko ng ~」で表すことができます。「~」には名詞などがきます。

＜日本語＞	＜フィリピン語＞
~がほしいです。	Gusto ko ng ~
フィリピン料理が好きです。	Gusto ko ng lutong Pilipino. 好む　私　料理　フィリピン

反対の意味の「~は要りません／嫌いです」は「Ayaw ko ng ~」で表すことができます。

例　私はバロットは要りません。	Ayaw ko ng balot. 要らない　私　バロット
私はお酒が嫌いです。	Ayaw ko ng alak. 嫌う　私　お酒

基本構文を使って言ってみよう　Track 23

1 ハロハロがほしい。

Gusto ko ng halo-halo.
グスト　コ　ナン　ハロ　ハロ

2 冷えたビールがほしい。

Gusto ko ng malamig na beer.
グスト　コ　ナン　マラミグ　ナ　ビア

3 ミネラルウォーターがほしいです。

Gusto ko ng mineral water.
グスト　コ　ナン　ミネラル　ウォーター

4 ココナッツジュースがほしいです。

Gusto ko ng buko juice.
グスト　コ　ナン　ブーコ　ジュース

5 静かな場所が好きです。

Gusto ko ng tahimik na lugar.
グスト　コ　ナン　タヒーミック　ナ　ルガル

6 このようなのが好きです。

Gusto ko ng ganito.
グスト　コ　ナン　ガニト

単語の解説

□ halo-halo：ハロハロ
※デザートの名称。
□ malamig：冷たい、寒い
□ beer：ビール
□ buko juice：ココナッツジュース
□ tahimik：静かな
□ lugar：場所
□ ganito：このような、このくらい

4日目 4 「～したいです」 Track 24

基本構文

～したいです。

Gusto kong + 動詞〔不定相〕

基本フレーズ

Gusto kong uminom ng kape.
グスト　コン　ウミノム　ナン　カペ

私はコーヒーを飲みたいです。

ポイント解説

「～したいです」は「Gusto kong ～」で表すことができます。「～」には動詞〔不定相〕がきます。

<日本語>	<フィリピン語>
私は～したいです。	Gusto kong +動詞〔不定相〕～
私はコーヒーを飲みたいです。	Gusto kong uminom ng kape. したい　私　飲む　コーヒー
私はカレカレを食べたいです。	Gusto kong kumain ng kare-kare. したい　私　食べる　カレカレ

基本構文を使って言ってみよう　Track 24

1 私は靴を買いたいです。

Gusto kong bumili ng sapatos.
グスト　コン　ブミリ　ナン　サパートス

2 私は観光ツアーに参加したい。

Gusto kong sumali sa sightseeing tour.
グスト　コン　スマーリ　サ　サイトシーイン　トゥア

3 私はカレカレを食べたいです。

Gusto kong kumain ng kare-kare.
グスト　コン　クマイン　ナン　カレ　カレ

4 私はビールを飲みたいです。

Gusto kong uminom ng beer.
グスト　コン　ウミノム　ナン　ビア

5 あなたに会いたいです。

Gusto kong magkita ka.
グスト　コン　マグキタ　カ

6 どこに行きたいですか？

Saan mo ba gustong pumunta?
サアン　モ　バ　グストン　プムンタ

単語の解説

- □ bumili：買う
- □ sapatos：靴
- □ sumali：参加する
- □ kumain：食べる
- □ kare-kare：カレカレ※料理の名称。
- □ uminom：飲む
- □ magkita：会う
- □ saan：どこ
- □ mo：君、あなた
- □ pumunta：行く

4日目 5 「～したくありません」 Track 25

基本構文

～したくありません

Ayaw kong ＋ 動詞〔不定相〕

基本フレーズ

Ayaw kong pumunta sa palengke.
アーヤウ　コン　プムンタ　サ　パレンケ

私は市場に行きたくありません。

ポイント解説

72～73ページで「Ayaw ko ng ～」（～は要りません／嫌いです）を学びましたが、「私は～したくありません」は「Ayaw kong ～」で表すことができます。「～」には動詞〔不定相〕がきます。

＜日本語＞	＜フィリピン語＞
私は～したくありません。	Ayaw kong ＋動詞〔不定相〕～
私は市場に行きたくありません。	Ayaw kong pumunta sa palengke. したくない 私 行く に 市場
お母さんは市場へ行きたくありません。	Ayaw pumunta ng nanay sa palengke. したくない 行く 母 に 市場

基本構文を使って言ってみよう　Track 25

1 ここから離れたくないです。

Ayaw kong umalis dito.
アーヤウ　コン　ウマリス　ディト

2 ここに残りたくありません。

Ayaw kong maiwan dito.
アーヤウ　コン　マイーワン　ディト

3 太りたくない。

Ayaw kong tumaba.
アーヤウ　コン　トゥマバ

4 一緒に行きたくありません。

Ayaw kong sumama sa iyo.
アーヤウ　コン　スマーマ　サ　イヨ

5 お母さんは市場へ行きたくありません。

Ayaw pumunta ng nanay sa palengke.
アーヤウ　プムンタ　ナン　ナーナイ　サ　パレンケ

6 タバコを吸いたくない。

Ayaw kong manigarilyo.
アーヤウ　コン　マニガリリョ

単語の解説

- □ umalis：立ち去る、出発する
- □ dito：ここ
- □ maiwan：残る
- □ tumaba：太る
- □ sumama：一緒に行く、同行する
- □ sa iyo：あなたと
- □ pumunta：行く
- □ nanay：母
- □ palengke：市場
- □ manigarilyo：タバコを吸う

基本構文

～が必要です

kailangan ～

基本フレーズ

Kailangan ko ng gamot.
カイラーガン　コ　ナン　ガモット

薬が必要です。

ポイント解説

「私は～が必要です」は「Kailangan ko ng ～」で表すことができます。「～」には名詞などがきます。

＜日本語＞	＜フィリピン語＞
私は～が必要です。	Kailangan ko ng ～
私はお金が必要です。	Kailangan ko ng pera. 必要である　私　お金

また「Kailangan kong ＋動詞」で「～しなければならない」を表すことができます。

例　私は毎日、英語を練習しなければならない。
Kailangan kong magsanay ng Ingles araw-araw.
カイラーガン コン　マグサイ ナン イングレス アーラウ アーラウ
しなければならない　私　練習する　英語　毎日

kailangan は gusto や ayaw と同様に疑似動詞です。疑似動詞は動詞の語根だけで形成されており、活用しません。

基本構文を使って言ってみよう　Track 26

1 お金が必要です。

Kailangan ko ng pera.
カイラーガン　コ　ナン　ペーラ

2 君の助けが必要です。

Kailangan ko ng tulong mo.
カイラーガン　コ　ナン　トゥーロン　モ

3 通訳者が必要です。

Kailangan ko ng interpreter.
カイラーガン　コ　ナン　インタープレーター

4 何が必要ですか？

Ano ang kailangan mo?
アノ　アン　カイラーガン　モ

5 いくら必要ですか？

Magkano ang kailangan ninyo?
マグカーノ　アン　カイラーガン　ニニョ

6 いくつ必要ですか？

Ilan ang kailangan ninyo?
イラン　アン　カイラーガン　ニニョ

単語の解説

- □pera：お金
- □tulong：助け
- □mo：君
- □interpreter：通訳者
- □ano：何
- □magkano：いくら
- □ninyo：君たち、あなたたち
- □ilan：いくつ

4日目 7 「～できます」 Track 27

基本構文

～できます

Kaya ～

基本フレーズ

Kaya ko ang Pilipino.
カーヤ　コ　アン　ピリピーノ

私はフィリピン語ができます。

ポイント解説

「私は～できます」は「Kaya ko ～」「Kaya kong ～」で表すことができます。kaya は疑似動詞で、能力的に「～できる」を表します。

＜日本語＞	＜フィリピン語＞
私は～できます。	Kaya ko(ng) ～

私はすぐに起きることができます。Kaya kong gumising agad.
カーヤ　コングミースィン アガッド
できる　私　起きる　すぐに

「～できません」のように否定するときは、最初に Hindi（～ない）をつけて「Hindi ＋主語＋ kaya ～」で表します。

例　私はできません。　Hindi ko kaya.
ヒンディコ カーヤ
ない　私　できる

基本構文を使って言ってみよう　Track 27

1 できます。

Kaya ko.
カーヤ　コ

2 君はそれができる。〔体力、経済力など〕

Kaya mo iyan.
カーヤ　モ　イヤン

3 彼女はスーツケースを持ち運べます。

Kaya niyang magbuhat ng maleta.
カーヤ　ニャン　マグブハット　ナン　マレータ

4 一人で帰れますか？

Kaya mo bang umuwi mag-isa?
カーヤ　モ　バン　ウムウィ　マグ　イサ

5 彼〔彼女〕と別れられますか？

Kaya mo bang makipag-"break"sa kanya?
カーヤ　モ　バン　マキパグ　ブレイク　サ　カニャ

6 あなたにそれができますか？

Kaya mong gawin iyan?
カーヤ　モン　ガウィン　イヤン

単語の解説

- □ mo：君、あなた
- □ iyan：それ
- □ niya：彼、彼女
- □ magbuhat：持ち運ぶ
- □ maleta：スーツケース
- □ umuwi：帰る
- □ mag-isa：一人で
- □ makipag-"break"：別れる
- □ kanya：彼、彼女
- □ gawin：する、行う

4日目 8 「～しなければならない」 Track 28

基本構文

～しなければならない。～すべきです。

Dapat ～

基本フレーズ

Dapat pumunta ako sa bangko.
ダーパット　プムンタ　アコ　サ　バンコ

私は銀行に行かなければなりません。

ポイント解説

「～しなければならない」「～すべきです」は、義務を表す dapat を使って「Dapat ～」で表すことができます。dapat は疑似動詞です。

疑似動詞の後に主語〔行為者〕がくる場合は、繋辞（リンカー）の -ng も人称代名詞に移動します。

＜日本語＞	＜フィリピン語＞
私は～しなければならない。	Dapat akong（私）＋動詞〔不定相〕～
あなたは～しなければならない。	Dapat mong（君、あなた）＋動詞〔不定相〕～
私たちは～しなければならない。	Dapat kaming（私たち）＋動詞〔不定相〕～
私たちは～しなければならない。	Dapat tayong（私たち）＋動詞〔不定相〕～

※「私たち」の使い方
kami［カミ］（私たち）は、相手を含みません。
tayo［タヨ］（私たち）は、相手を含みます。

郵便はがき

恐れ入りますが
切手を貼って
お出しください

112-0005

東京都文京区水道 2-11-5

明日香出版社

プレゼント係行

感想を送っていただいた方の中から
毎月抽選で 10 名様に図書カード(1000 円分)をプレゼント!

ふりがな お名前	
ご住所	郵便番号 (　　　　　　) 電話 (　　　　　　)
	都道 府県
メールアドレス	

ご記入いただいた個人情報は厳重に管理し、弊社からのご案内や商品の発送以外の目的で使うことはありません。
弊社 WEB サイトからもご意見、ご感想の書き込みが可能です。

明日香出版社ホームページ　https://www.asuka-g.co.jp

ご愛読ありがとうございます。
今後の参考にさせていただきますので、ぜひご意見をお聞かせください。

本書の
タイトル

年齢：　　歳　｜性別：男・女　｜ご職業：　　｜　月頃購入

● 何でこの本のことを知りましたか？
① 書店　② コンビニ　③ WEB　④ 新聞広告　⑤ その他
(具体的には →

● どこでこの本を購入しましたか？
① 書店　② ネット　③ コンビニ　④ その他
(具体的なお店 →

● 感想をお聞かせください

① 価格	高い・ふつう・安い
② 著者	悪い・ふつう・良い
③ レイアウト	悪い・ふつう・良い
④ タイトル	悪い・ふつう・良い
⑤ カバー	悪い・ふつう・良い
⑥ 総評	悪い・ふつう・良い

● 購入の決め手は何ですか？

● 実際に読んでみていかがでしたか？（良いところ、不満な点）

● その他（解決したい悩み、出版してほしいテーマ、ご意見など）

● ご意見、ご感想を弊社ホームページなどで紹介しても良いですか？
① 名前を出してほしい　② イニシャルなら良い　③ 出さないでほしい

ご協力ありがとうございました。

基本構文を使って言ってみよう　Track 28

1 そうすべきですか？

Dapat ba?
ダーパット バ

2 早く起きなくては。

Dapat tayong gumising ng maaga.
ダーパット ターヨン グミーシン ナン マアーガ

3 私たちは急がなければならない。

Dapat na kaming magmadali.
ダーパット ナ カミン マグマダリ

4 円を両替しなければなりません。

Dapat akong pumalit ng yen.
ダーパット アコン プマリト ナン イエン

5 乗り物がないので、歩かなくては。

Dapat tayong lumakad, walang masakyan.
ダーパット ターヨン ルマーカッド ワラン マサキャン

6 あなたはよく考えるべきです。

Dapat mong isipin nang mabuti.
ダーパット モン イシーピン ナン マブーティ

単語の解説

- □ tayo：私たち　※相手を含む。
- □ gumising：起きる、目を覚ます
- □ maaga：早い
- □ kami：私たち　※相手を含まない。
- □ magmadali：急ぐ
- □ pumalit：両替する
- □ lumakad：歩く
- □ masakyan：乗り物
- □ isipin：考える
- □ mabuti：よい、よく

4日目 9「～してもいいですか？」 Track 29

基本構文

～してもいいですか？

Puwede bang ＋ 動詞？

基本フレーズ

Puwede bang umupo dito?
プウェデ　バン　ウムポ　ディト

ここに座ってもいいですか？

ポイント解説

「～してもいいですか？」「～することはできますか？」は「Puwede ～?」で表すことができます。

puwede は疑似動詞で、「～してもいいです」〔許可〕や、「～できます」〔可能性〕を表します。

また、カジュアルな会話で「（自分が）～してもいいですか？」とたずねるとき、主語が省略されることもあります。

＜日本語＞　＜フィリピン語＞
～してもいいですか？　Puwede＋繋辞（リンカー）＋動詞〔不定相〕？

私は帰ってもいいですか？　Puwede ba akong umuwi?
プウェデ　バ　アコン　ウムウィ
してもよい　か　私　帰る

質問してもいいですか？　Puwede bang magtanong?
プウェデ　バン　マグタノン
してもよい　か　質問する

基本構文を使って言ってみよう　Track 29

1 質問してもいいですか？

Puwede bang magtanong?
プウェデ　バン　マグタノン

2 電話をかけてもいいですか？

Puwede ba kitang tawagan?
プウェデ　バ　キタン　タワガン

3 窓を開けてもいいですか？

Puwede bang buksan ang bintana?
プウェデ　バン　ブクサン　アン　ビンターナ

4 ここで写真を撮ってもいいですか？

Puwede bang kumuha ng litrato dito?
プウェデ　バン　クムハ　ナン　リトラト　ディト

5 ここでタバコを吸ってもいいですか？

Puwede bang manigarilyo dito?
プウェデ　バン　マニガリリョ　ディト

6 部屋を見せてもらえますか？

Puwede bang tingnan ang kuwarto?
プウェデ　バン　ティングナン　アン　クワルト

単語の解説

- □ magtanong：質問する、たずねる
- □ tawagan：電話する
- □ buksan：開ける
- □ bintana：窓
- □ kumuha：撮る
- □ litrato：写真
- □ dito：ここ
- □ manigarilyo：タバコを吸う
- □ tingnan：見る
- □ kuwarto：部屋

5日目

疑問詞のある文（1）

5日目 1 「何？」 Track 30

基本構文

何？

Ano?

基本フレーズ

Ano ito?
アノ　イト

これは何ですか？

ポイント解説

「Ano ～ ?」は「～は何ですか？」とたずねるときの表現です。anoは「何」という意味で、英語のwhatにあたります。

「ano ＋名詞」で、いろいろな聞き方ができます。

例

anong petsa　　何日
アノン　ペッチャ

anong araw　　何曜日
アノン　アーラウ

anong taon　　何年
アノン　タオン

anong drinks　　どんな飲み物
アノン　ドリンクス

anong klase　　どんな種類
アノン　クラッセ

基本構文を使って言ってみよう　Track 30

1 あなたの趣味は何ですか？

Ano ang libangan mo?
アノ　アン　リバンガン　モ

2 あなたのお仕事は何ですか？

Ano ang trabaho mo?
アノ　アン　トラバッホ　モ

3 あのビルは何ですか？

Ano ang building na iyon?
アノ　アン　ビルディング　ナ　イヨン

4 何をしているのですか？

Ano ang ginagawa mo?
アノ　アン　ギナガワ　モ

5 何がいい？（何がほしい？）

Ano ang gusto mo?
アノ　アン　グスト　モ

6 どんな味ですか？

Anong lasa?
アノン　ラーサ

単語の解説

- □ libangan：趣味
- □ mo：君、あなた
- □ trabaho：仕事
- □ building：ビル
- □ iyon：あれ
- □ ginagawa〔継続相〕：（～を）している
- □ gusto：～を好む、～がほしい
- □ lasa：味

5日目 2「誰？」

Track 31

基本構文

誰？

Sino?

基本フレーズ

Sino iyon?
シーノ　イヨン

あの人は誰ですか？

ポイント解説

「Sino ～ ?」は「～は誰ですか？」とたずねるときの表現です。sino は「誰」という意味で、英語の who にあたります。

「誰の」「誰に」とたずねるときは sino を使わず、kanino を使うので注意しましょう。

＜誰の、誰に＞
「誰の～？」 Kanino ～？
「誰に～？」 Kanino ～？

例　それは誰の？　　Kanino iyan?
　　　　　　　　　　カニーノ イヤン

＜誰のための、誰のために＞
「誰のための～？」 Para kanino ～？
「誰のために～？」 Para kanino ～？

例　これは誰へのプレゼント？　Para kanino itong regalo?
　　　　　　　　　　　　　　　パーラ カニーノ イトン レガーロ

基本構文を使って言ってみよう　Track 31

1 彼女は誰ですか？

Sino siya?
シーノ　シヤ

2 どなたですか？〔電話など〕

Sino po sila?
シーノ　ポ　シラ

3 誰と一緒ですか？

Sino ang kasama mo?
シーノ　アン　カサーマ　モ

4 誰と話したいのですか？

Sino ang gusto mong makausap?
シーノ　アン　グスト　モン　マカウーサップ

5 他に誰が来ますか？

Sino pa ang darating?
シーノ　パ　アン　ダラティン

6 誰があなたを迎えに来るのですか？

Sino ang susundo sa iyo?
シーノ　アン　ススンドゥ　サ　イヨ

単語の解説

□ siya：彼、彼女
□ po　※丁寧。
□ sila：彼ら、彼女ら
□ kasama：仲間、連れ
□ makausap：（～と）話す
□ pa：他に
□ darating〔未然相〕：来る、到着する
□ susundo：迎えに来る

5日目 3「いつ？」 Track 32

基本構文

いつ？

Kailan?

基本フレーズ

Kailan ito sarado?
カイラン イト サラード

休みはいつですか？〔店など〕

ポイント解説

「Kailan ～?」は「～はいつですか？」「いつ～しますか？」とたずねるときの表現です。

kailan は「いつ」という意味で、英語の when にあたります。

曜日・日にちなど、Anong ～? を使って聞くときもあります。

例

「何日？」 Anong petsa?
アノン ペッチャ

「何曜日？」 Anong araw?
アノン アーラウ

「何年？」 Anong taon?
アノン タオン

基本構文を使って言ってみよう　Track 32

1 お誕生日はいつですか？

Kailan po ang kaarawan ninyo?
カイラン　ポ　アン　カアラワン　ニニョ

2 あなたの休暇はいつですか？

Kailan ang bakasyon mo?
カイラン　アン　バカション　モ

3 彼らの結婚式はいつですか？

Kailan ang kasal nila?
カイラン　アン　カサル　ニラ

4 いつ出発しますか？

Kailan ka aalis?
カイラン　カ　アアリス

5 いつ戻りますか？

Kailan ka babalik?
カイラン　カ　ババリック

6 いつ着きましたか？

Kailan ka dumating?
カイラン　カ　ドゥマティン

単語の解説

□ kaarawan：誕生日
□ ninyo：君たちの、あなたたちの
□ bakasyon：休暇、休み
□ kasal：結婚、結婚式
□ nila：彼らの、彼女らの
□ aalis〔未然相〕：出発する
□ babalik〔未然相〕：戻る
□ dumating〔完了相〕：着いた

5日目 4「どこ？」(1) Track 33

基本構文

どこ？

Nasaan?

基本フレーズ

Nasaan ang sakayan ng taksi?
ナサアン　アン　サカヤン　ナン　タクシー

タクシー乗り場はどこですか？

ポイント解説

「Nasaan ～？」は「～はどこにありますか？」「～はどこにいますか？」とたずねるときの表現です。

nasaan は「どこ」という意味で、英語の where にあたります。

「～」には建物・場所・物・人などを表す言葉がきます。

＜場所を表す言葉の例＞

narito / nandito　（ここにある、いる）
ナリト　ナンディート

nanriyan / nandyan（そこにある、いる）
ナンリャン　ナンジャン

naroon / nandoon　（あそこにある、いる）
ナロオン　ナンドオン

基本構文を使って言ってみよう　Track 33

1 レストランはどこですか？

Nasaan ang restawran?
ナサアン　アン　レスタゥラン

2 トイレはどこですか？

Nasaan ang toilet〔C.R.〕?
ナサアン　アン　トイレット　シーアール

3 ここはどこですか？（私たちはどこにいますか？？）

Nasaan tayo?
ナサアン　ターヨ

4 マリアさんはどこにいますか？

Nasaan si Maria?
ナサアン　シ　マリア

5 お母さんはどこにいますか？

Nasaan ang nanay?
ナサアン　アン　ナーナイ

6 私のメガネはどこですか？

Nasaan ang salamin ko?
ナサアン　アン　サラミン　コ

単語の解説

□ restawran：レストラン
□ toilet：トイレ
□ C.R.：トイレ
□ tayo：私たち
□ si：～さん
□ nanay：母、お母さん
□ salamin：メガネ
□ ko：私の

5日目 5「どこ？」(2)　Track 34

基本構文

どこ？

Saan?

基本フレーズ

Saan ang C.R.?
サアン　アン　シーアール

トイレはどこですか？

ポイント解説

「Saan ～ ?」は「～はどこですか？」「どこで〔どこに、どこへ〕～しますか？」とたずねるときの表現です。

saan は「どこ」という意味で、英語の where にあたります。94 ～ 95 ページで学んだ nasaan（どこ）と同じ意味です。

例文の「C.R.」は「トイレ」という意味で使われています。英語の comfort room の略語です。

基本構文を使って言ってみよう　Track 34

1 バギオ行きのバス乗り場はどこですか？

Saan ang sakayan ng bus papuntang Baguio?
サアン　アン　サカヤン　ナン　ブス　パプンタン　バギオ

2 どこに住んでいますか？

Saan ka nakatira?
サアン　カ　ナカティラ

3 どこで働いているの？

Saan ka nagtatrabaho?
サアン　カ　ナグタトラバーホ

4 どこに行くの？

Saan ka pupunta?
サアン　カ　ププンタ

5 どちらへ行かれますか？

Saan kayo pupunta?〔丁寧〕
サアン　カヨ　ププンタ

6 どこに行きますか？（どこに行きましょうか？）

Saan tayo pupunta?
サアン　ターヨ　ププンタ

単語の解説

- □ sakayan ng bus：バス乗り場
- □ papuntang：〜行き
- □ nakatira〔継続相〕：住む
- □ nagtatrabaho〔未完了相〕：働く
- □ pupunta〔未然相〕：行くつもりである
- □ kayo：あなた　※丁寧。
- □ tayo：私たち　※相手を含む。

5日目　疑問詞のある文（1）

基本構文

どれ？　どちら？

Alin?

基本フレーズ

Alin ang halo-halo?
アリン　アン　ハロ　ハロ

どれがハロハロですか？

ポイント解説

「Alin ～ ?」は「どれが～ですか？」「どちらが～ですか？」とたずねるときの表現です。

alin は「どれ」「どちら」という意味で、英語の which にあたります。

☆ halo-halo（ハロハロ）

例文の halo-halo はフィリピンを代表するデザートで、ゼリー、ジャックフルーツ、バナナ、紫芋のアイスクリームなどのトッピングにコンデンスミルクをかけたかき氷です。

halo-halo はフィリピン語で「いろいろな状態が混ざっている」状態を表す言葉です。

基本構文を使って言ってみよう　Track 35

1 どちらがきれい？

Alin ang maganda?
アリン　アン　マガンダ

2 どちらがよりおいしいですか？

Alin ang mas masarap?
アリン　アン　マス　マサラップ

3 どちらがより甘いですか？

Alin ang mas matamis?
アリン　アン　マス　マタミス

4 どちらが私に似合いますか？

Alin po ba ang mas bagay sa akin?
アリン　ポ　バ　アン　マス　バガイ　サ　アーキン

5 君はどれがほしいですか？

Alin ang gusto mo?
アリン　アン　グスト　モ

6 どれとどれを選んだのですか？

Alin-alin ang napili mo?
アリン アリン　アン ナピーリィ　モ

単語の解説

□ maganda：きれい、美しい
□ mas：より、もっと
□ masarap：おいしい
□ matamis：甘い
□ bagay：似合う
□ sa akin：私に
□ gusto：～がほしい、～を好む
□ mo：君の、あなたの
□ napili：選んだもの

5日目 7「どのように？ どうやって？」 Track 36

基本構文

どのように？ どうやって？

Paano?

基本フレーズ

Paano ang pagpunta doon?
パアーノ アン パグプンタ ドオン

あそこへどのように行けばいいですか？

ポイント解説

「Paano ～？」は「どのように～？」「どうやって～？」とたずねるときの表現です。paanoは「どのように」「どう」という意味で、英語のhowにあたります。

「どのように〔どうやって〕～するのですか？」「どのように〔どうやって〕～したのですか？」など、方法・やり方・経緯などをたずねるときに使えます。

基本構文を使って言ってみよう　Track 36

1 これ、どうやればいいの？

Paano ba ito?
パアーノ　バ　イト

2 それ、どうやればいいの？

Paano ba iyan?
パアーノ　バ　イヤン

3 どうやればいいの？

Paano na nga ba?
パアーノ　ナ　ガ　バ

4 私はこれからどうすればいいの？

Paano na ba ako ngayon?
パアーノ　ナ　バ　アコ　ガヨン

5 私たちはこれからどうすればいいの？

Paano na ba tayo ngayon?
パアーノ　ナ　バ　ターヨ　ガヨン

6 マニラホテルへどのように行けばいいのですか？

Paano pumunta sa Manila Hotel?
パアーノ　プムンタ　サ　マニラ　ホテル

単語の解説

- □ito：これ
- □iyan：それ
- □na：既に、もう
- □nga　※強調。
- □ngayon：今、現在
- □tayo：私たち
- □pumunta：行く
- □sa：〜へ、〜に

5日目 8「なぜ？」

Track 37

基本構文

なぜ？

Bakit?

基本フレーズ

Bakit naman?
バキット　ナマン

どうしてなんですか？

ポイント解説

「Bakit ～ ?」は「なぜ～？」「どうして～？」と理由をたずねるときの表現です。

bakit は「なぜ」「どうして」という意味で、英語の why にあたります。例文の naman は語調をやわらげる働きをします。

答えるときは、「Kasi ～」（なぜなら～）などの表現があります。

基本構文を使って言ってみよう　Track 37

1 どうしてだろう？

Bakit kaya?
バキット　カヤ

2 どうして君が？

Bakit ikaw?
バキット　イカウ

3 なぜ閉まっているのですか？〔店など〕

Bakit sarado?
バキット　サラド

4 子供はなぜ泣いているのですか？

Bakit umiiyak ang bata?
バキット　ウミイヤック　アン　バタ

5 なぜ彼は遅れてきたのですか？

Bakit ba dumating siya nang huli?
バキット　バ　ドゥマティン　シヤ　ナン　フリ

6 なぜ彼女に会わなかったのですか？

Bakit hindi mo siya nakita?
バキット　ヒンディ　モ　シヤ　ナキタ

単語の解説

□kaya：～だろうか、～かしら
□ikaw：君
□sarado：閉まっている
□umiiyak〔未完了相〕：泣く
□bata：子供
□dumating：着く
□siya：彼、彼女
□huli：遅く、遅い
□hindi：～ない、～しない
□nakita〔完了相〕：会った

6日目

疑問詞のある文（2）

基本構文

いくら?

Magkano?

基本フレーズ

Magkano ito?
マグカーノ　イト

これはいくらですか?

ポイント解説

「Magkano ～?」は「～はいくらですか?」と値段・料金・運賃などをたずねるときの表現です。

magkano は「いくら」という意味の疑問詞です。フィリピンのお金の単位は peso［ペーソ］です。

為替レートなど、「Ano ～?」を使って聞くときもあります。

例　今日のレートはいくらですか?
Ano ang exchange rate ngayon?
アノ アン エクスチェンジ レート ガヨン

基本構文を使って言ってみよう　Track 38

1 全部でいくらですか？

Magkano lahat?
マグカーノ　ラハット

2 料金はいくらですか？

Magkano ang bayad?
マグカーノ　アン　バーヤッド

3 交換レートはいくらですか？

Magkano ang palit?
マグカーノ　アン　パリット

4 バスの運賃はいくらですか？

Magkano ang pamasahe ng bus?
マグカーノ　アン　パマサーへ　ナン　バス

5 教会までいくらですか？

Magkano po hanggang simbahan?
マグカーノ　ポ　ハンガン　シンバーハン

6 いくら必要ですか？

Magkano ang kailangan ninyo?
マグカーノ　アン　カイラーガン　ニニョ

単語の解説

- □ lahat：全部で
- □ bayad：料金
- □ palit：交換レート
- □ pamasahe：運賃
- □ hanggang：～まで
- □ simbahan：教会
- □ kailangan：必要である
- □ ninyo：君たち、あなたたち

6日目 2「いくつ？」

Track 39

基本構文

いくつ？

Ilan?

基本フレーズ

Ilan ang bibilhin mo?

イラン アン ビビルヒン モ

いくつ買いますか？

ポイント解説

「Ilan ～ ?」は「～はいくつですか？」など、数・年齢などをたずねるときの表現です。ilan は「いくつ」という意味の疑問詞です。

<数え方の例>

～個　piraso(ng)
ピラーソ（ン）

～才　taon
タオン

～回　bases
ベーセス

～組　pares
パーレス

～杯　baso(ng)〔コップ〕
バーソ（ン）

～杯　tasa(ng)〔カップ〕
ターサ（ン）

～泊　gabi
ガビ

基本構文を使って言ってみよう　Track 39

1 お年はいくつですか？

Ilang taon ka na?

イラン　タオン　カ　ナ

2 あなたの息子〔娘〕はいくつですか？

Ilang taon na ang anak mo?

イラン　タオン　ナ　アン　アナック　モ

3 いくつ必要ですか？

Ilan po ang kailangan ninyo?

イラン　ポ　アン　カイラーガン　ニニョ

4 いくつほしいのですか？

Ilan po ang gusto ninyo?

イラン　ポ　アン　グスト　ニニョ

単語の解説

□ taon：年

□ na：既に、もう

□ anak：息子、娘

□ mo：君、あなた

□ kailangan：必要である

□ ninyo：君たち、あなたたち

□ po　※丁寧。

□ gusto：～がほしい、～を好む

6日目 3「何人？　何回？」 Track 40

基本構文

何人？　何回？

Ilan?

基本フレーズ

Ilan ba kayo?
イラン　バ　カヨ

何名様ですか？

ポイント解説

「Ilan ～ ?」は「～は何人ですか？」「何回～しますか？」など、人数・回数などをたずねるときにも使える表現です。

108 ～ 109 ページで学んだ「何個」「何才」だけでなく「何人」「何回」など、いろいろなことをたずねるときに使えるので便利です。

＜答え方の例＞
私たちは３人です。　Tatlo lang kami.
タトゥロ　ラン　カミ

※「私たち」の使い方
kami〔カミ〕（私たち）は、相手を含みません。
tayo〔タヨ〕（私たち）は、相手を含みます。

基本構文を使って言ってみよう　Track 40

1 ご家族は何人ですか？

Ilan kayo sa pamilya ninyo?
イラン　カヨ　サ　パミーリャ　ニニョ

2 何人兄弟〔姉妹〕ですか？

Ilan ba kayong magkapatid?
イラン　バ　カヨン　マグカパティド

3 子供は何人いますか？

Ilan ang anak mo?
イラン　アン　アナック　モ

4 あなたたちは何人ですか？

Ilan kayo?
イラン　カヨ

5 何回、乗り換えますか？

Ilang sakay?
イラン　サカイ

単語の解説

□ pamilya：家族
□ ninyo：君たちの、あなたたちの
□ magkapatid：兄弟、姉妹
※相手を含めた人数を聞く時に使う。
□ anak：子供（息子、娘）
□ mo：君の、あなたの
□ kayo：君たち、あなたたち
□ sakay：乗ること

基本構文

何時？

Anong oras?

基本フレーズ

Anong oras na ngayon?
アノン　オーラス　ナ　ガヨン

今、何時ですか？

ポイント解説

「Anong oras ～ ?」は「～は何時ですか？」「何時に～しますか？」など、時間をたずねるときの表現です。

anong は「何」、oras は「時間」という意味で、anong oras は英語の what time にあたります。例文の ngayon は「今」という意味です。

<時間の言い方>

～時	Alas ～ アラス	※ただし「1時」の場合は Ala Una.
(～時) 15分	kinse キンセ	
(～時) 半	y medya イ メージャ	
1時です。	Ala Una. アラ ウーナ	
2時です。	Alas dos. アラス ドス	
4時15分です。	Alas kuwatro kinse. アラス クワトロ キンセ	
5時半です。	Alas singko y medya. アラス シンコ イ メージャ	

基本構文を使って言ってみよう　Track 41

1 チェックアウトは何時ですか？

Anong oras ang check-out?
アノン　オーラス アン　チェック アウト

2 何時に会いますか？

Anong oras ba tayo magkikita?
アノン　オーラス　バ　ターヨ　マグキキータ

3 何時にバスは出発しますか？

Anong oras aalis ang bus?
アノン　オーラス アアリス アン　バス

4 郵便局は何時に開きますか？

Anong oras nagbubukas ang post office?
アノン　オーラス　ナグブブカス　アン　ポスト オフィス

5 郵便局は何時に閉まりますか？

Anong oras nagsasara ang post office?
アノン　オーラス　ナグササラ　アン　ポスト オフィス

6 何時までですか？

Hanggang anong oras?
ハンガン　アノン　オーラス

単語の解説

□ check-out：チェックアウト
□ tayo：私たち　※相手を含む。
□ magkikita〔未然相〕：会うつもりである
□ aalis〔未然相〕：出発する
□ nagbubukas〔未完了相〕：開く
□ nagsasara〔未完了相〕：閉まる
□ hanggang：～まで

6日目 5「どのくらい？」(1)　Track 42

基本構文

どのくらい？〔時間、期間、距離〕

Gaano?

基本フレーズ

Gaano katagal ang hintay?
ガアーノ　カタガル　アン　ヒンタイ

どのくらい待ちますか？

ポイント解説

「Gaano ～?」は「～はどのくらいですか？」「どのくらい～しますか？」などの意味で、時間・期間・距離などをたずねるときの表現です。

例文の「Gaano katagal」は「どのくらい長く」という意味です。hintay は「待つこと」で、動詞・形容詞は標識辞（マーカー）ang, ng, sa などをその前に置くことで、名詞として用いることができます。

＜時間、期間の言い方＞

「約～時間」　mga ～ oras
　　　　　　マガー オーラス
「約～分間」　mga ～ minuto
　　　　　　マガー　ミヌート

「～日間」　～ araw
　　　　　　アーラウ
「～週間」　～ linggo
　　　　　　リンゴ
「～ヶ月間」　～ buwan
　　　　　　ブワン
「～年間」　～ taon
　　　　　　タオン

基本構文を使って言ってみよう　Track 42

1 ホテルまでどのくらい時間がかかりますか？

Gaano po katagal hanggang sa Hotel?
ガアーノ　ポ　カタガル　ハンガン　サ　ホテル

2 手続きにはどのくらいかかりますか？〔時間〕

Gaano po katagal ang proseso?
ガアーノ　ポ　カタガル　アン　プロセーソ

3 駅までどのくらいかかりますか？〔距離〕

Gaano kalayo hanggang sa estasyon?
ガアーノ　カラーヨ　ハンガン　サ　エスタション

4 あなたのオフィスは、ここからどのくらい遠いのですか？〔距離〕

Gaano kalayo ang opisina mo mula rito?
ガアーノ　カラーヨ　アン　オピシーナ　モ　ムラ　リート

5 どのくらいマニラにいましたか？〔期間〕

Gaano ka ba katagal sa Manila?
ガアーノ　カ　バ　カタガル　サ　マニラ

6 フィリピンにどのくらい滞在しますか？〔期間〕

Gaano kayo katagal mag-iistay sa Pilipinas?
ガアーノ　カヨ　カタガル　マグ　イイステイ　サ　ピリピーナス

単語の解説

- □ hanggang：～まで
- □ proseso：手続き
- □ kalayo　※ malayo（遠い）の語根 layo に ka がついたもの。
- □ estasyon：駅
- □ opisina：オフィス
- □ mula：～から
- □ rito：ここ
- □ mag-iistay〔未然相〕：滞在する

6日目 6「どのくらい？」(2)　Track 43

基本構文

どのくらい？〔程度、頻度〕

Gaano?

基本フレーズ

Gaano kataas ang Mt. Apo?
ガアーノ　カタアス　アン マウント アポ

アポ山はどのくらい高いのですか？

ポイント解説

「Gaano ～?」は「～はどのくらいですか？」「どのくらい～しますか？」などの意味で、程度や頻度をたずねるときにも使える表現です。

114 ～ 115 ページで学んだ時間・期間・距離だけでなく、程度・頻度など、いろいろなことをたずねるときに使えるので便利です。

例文の「Gaano kataas」は「どのくらい高い」という意味です。アポ山はミンダナオ島にあり、フィリピンで一番高い山です。

＜日本語＞	＜フィリピン語＞
どのくらい大きい？	Gaano kalaki? ガアーノ カラキ
どのくらい背が高い？	Gaano katangkad? ガアーノカタンカッド
どのくらい優しいの？	Gaano kabait? ガアーノ カバイト
どのくらい重い？	Gaano kabigat? ガアーノカビガット
どのくらいの頻度で？	Gaano kadalas? ガアーノ カダラス

基本構文を使って言ってみよう　Track 43

1 あなたの家はどのくらい大きいですか？

Gaano kalaki ang bahay mo?
ガアーノ　カラキ　アン　バーハイ　モ

2 彼はどのくらい背が高いの？

Gaano siya katangkad?
ガアーノ　シヤ　カタンカッド

3 彼女はどのくらい優しいの？

Gaano siya kabait?
ガアーノ　シヤ　カバイト

4 あなたの荷物はどのくらい重いのですか？

Gaano kabigat ang bagahe mo?
ガアーノ　カビガット　アン　バガーヘ　モ

5 どのくらいの頻度でフィリピンに帰るのですか？

Gaano ka ba kadalas umuuwi sa Pilipinas?
ガアーノ　カ　バ　カダラス　ウムウウイ　サ　ピリピーナス

単語の解説

- □ bahay：家
- □ mo：君の、あなたの
- □ siya：彼、彼女
- □ kabait　※ mabait（優しい）の語根 bait に ka がついたもの。
- □ kabigat　※ mabigat（重い）の語根 bigat に ka がついたもの。
- □ bagahe：荷物
- □ umuuwi〔未完了相〕：帰る、帰っている

7日目

会話　実践編

7日目 1 あいさつ（1） Track 44

① おはよう。

② こんにちは。

③ こんばんは。

④ じゃあ、また！

⑤ また明日。

⑥ また後で。

⑦ さようなら。

⑧ また会いましょう。

⑨ ではまた今度。

⑩ 帰ります。

⑪ 気をつけて。

語句 umaga「朝」（午前0時から11時頃まで）
hapon「お昼、午後」（午後1時頃から夕方6時頃まで）
※tanghali「お昼」は午前11時頃から午後1時頃まで。
gabi「夜、晩」（午後6時以降）

Magandang umaga (po).
マガンダン　ウマーガ　ポ

Magandang hapon (po).
マガンダン　ハーポン　ポ

Magandan gabi (po).
マガンダン　ガビ　ポ

Sige! / Saka na!
シゲ　サカ　ナ

Bukas ulit.
ブーカス ウリット

Mamaya ulit.
マーマヤ ウリット

Paalam (po).
パアーラム　ポ

Magkita tayo ulit.
マグキータ　ターヨ ウリット

Hanggang sa muli.
ハンガン　サ　ムリ

Aalis na ako. / Uuwi na ako.
アアリス ナ アコ　ウウウィ ナ アコ

Ingat ka. / Mag-ingat kayo.
インガット カ　マグ インガット カヨ

7日目 2 あいさつ (2)

Track 45

① ごきげんいかがですか？（お元気ですか？）

② 元気です。ありがとう。

③ あなたは（いかがですか）？

④ 元気です。

⑤ まあまあです。

⑥ 最近どう？

⑦ 好調です。

語句 kumusta「いかが」（スペイン語のcomo estaから来た表現）

kayo「あなた」（本来、「あなたたち」〔2人称複数〕だが、poを付けると丁寧さや尊敬を込めて「あなた」を表す）

mabuti「元気な」
balita「ニュース、知らせ」

Kumusta ka?
クムスタ　カ

Kumusta po kayo?〔丁寧〕
クムスタ　ポ　カヨ

Mabuti.　Salamat.
マブーティ　サラーマット

Ikaw?
イカウ

Kayo po?〔丁寧〕
カヨ　ポ

Mabuti naman.
マブーティ　ナマン

Okay lang.
オケイ　ラン

Ano'ng balita?
アノン　バリータ

Mabuti.
マブーティ

① ありがとう。

② どうもありがとう。

③ どうもありがとうございます。

④ 皆さん、どうもありがとう。

⑤ どういたしまして。

⑥ ごめんなさい。

⑦ ごめんなさい。

⑧ 許してください。

⑨ いいんですよ。(問題ありません。)

⑩ 気にしないでください。

語句 marami「たくさん、多い」
lahat「皆さん」
pasensya「忍耐、我慢」

Salamat.
サラマット

Maraming salamat.
マラーミン　サラマット

Maraming salamat po.
マラーミン　サラマット　ポ

Maraming salamat sa inyong lahat.
マラーミン　サラマット　サ　イニョン　ラハット

Walang anuman.
ワラン　アヌマン

Sori.
ソーリ

Pasensya na po.
パセンシャ　ナ　ポ

Patawad po.
パターワッド ポ

Walang problema.
ワラン　プロブレーマ

Walang anuman iyon.
ワラン　アヌマン　イヨン

① おめでとう。

② お誕生日おめでとう。

③ ご結婚おめでとう。

④ 新年おめでとう。

⑤ メリークリスマス。

⑥ がんばってください。

⑦ すごい！

⑧ 本当？

⑨ そうなの？

⑩ それはよかった。

語句
kaarawan「誕生日、記念日」
kasal「結婚」
Bagong Taon「新年」
Pasko「クリスマス」

Maligayang bati.
マリガーヤン バーティー

Maligayang kaarawan.
マリガーヤン　カアラワン

Maligayang bati sa inyong kasal.
マリガーヤン バーティー サ イニョン カサル

Manigong Bagong Taon.
マニーゴン　バーゴン　タオン

Maligayang Pasko.
マリガーヤン　パスコ

Galingan ninyo.
ガリガン　ニニョ

Ang galing!
アン　ガリン

Talaga?
タラガ

Ganoon?
ガノン

Mabuti naman.
マブーティ　ナマン

7日目 5 返事、肯定、否定 Track 48

① はい。

② いいえ。

③ いいえ、違います。

④ わかりました。

⑤ わかりません。

⑥ 知っています。

⑦ 知りません。

⑧ できます。いいですよ。

⑨ できません。だめです。

⑩ 確かに。

語句 alam「(物事、事実)を知っている」
※kilala「(人)を知っている」

Oo. / Opo.〔丁寧〕
オオ　　オポ

Hindi. / Hindi po.〔丁寧〕
ヒンディ　　ヒンディ ポ

Hindi, ganoon.
ヒンディ　ガノオン

Naintindihan ko.
ナインティンディハン コ

Hindi ko naiintindihan.
ヒンディ コ ナイインティンディハン

Alam ko.
アラム　コ

Hindi ko alam.
ヒンディ コ　アラム

Puwede.
プウェデ

Hindi puwede.
ヒンディ　プウェデ

Sa bagay.
サ　バーガイ

7日目 6 人を紹介する

Track 49

① こちらは～さん〔男性〕です。

② はじめまして。（ごきげんいかがですか？）

③ 私は～です。

④ あなたのお名前は？

あなたのお名前は何とおっしゃいますか？〔丁寧〕

⑤ 私はマリアです。

⑥ あなたに会えてうれしいです。

⑦ あなたのお仕事は何ですか？

⑧ いつまでマニラに滞在しますか？

⑨ 今日から１ヶ月〔来月まで〕滞在します。

⑩ また会いましょう。

語句 Mister ～「～さん、～氏」〔男性〕
pangalang「名前」
trabaho「仕事」

Ito si Mister ～
イト スィ ミステル

Kumusta po kayo?〔丁寧〕
クムスタ ポ カヨ

Ako si ～ .
アコ スィ

Anong pangalang mo?
アノン パンガーラン モ

Ano ho ang pangalan ninyo?〔丁寧〕
アノ ホ アン パンガーラン ニニョ

Ako po si Maria.
アコ ポ シ マリア

Ikinagagalak kitang makilala.
イキナガガラック キタン マキラーラ

Ano ang trabaho mo?
アノ アン トラバッホ モ

Hanggang kailan kayo titira sa Maynila?
ハンガン カイラン カヨ ティティラ サ マイニーラ

Buhat ngayon hanggang sa isang buwan.
ブハット ガヨン ハンガン サ イサン ブワン

Magkita tayo ulit.
マグキータ タヨ ウリット

① あなたの趣味は何ですか？

② あなたの休みはいつですか？

③ あなたたちの誕生日はいつですか？

④ どこで働いているの？

⑤ どこに住んでいますか？

⑥ 生まれはフィリピンのどこ？

⑦ 何年生まれですか？

⑧ 休みの日は何をしていますか？

⑨ お年はいくつですか？

⑩ ご家族は何人ですか？

語句
libangan「趣味」
bakasyon「休み、休暇」
kaarawan「誕生日」
pamilya「家族」

Ano ang libangan mo?
アノ　アン　リバンガン　モ

Kailan ang bakasyon mo?
カイラン　アン　バカション　モ

Kailan ba ang kaarawan ninyo?
カイラン　バ　アン　カアラワヌ　ニニョ

Saan ka nagtatrabaho?
サアン　カ　ナグタトラバーホ

Saan ka nakatira?
サアン　カ　ナカティラ

Saang lugar sa Pilipinas ka ipinanganak?
サアン ルガール サ　ピリピナス　カ　イピナンガナック

Anong taon ka ipinanganak?
アノン　タオン　カ　イピナガナック

Ano ang ginagawa mo sa bakasyon?
アノ　アン　ギナガワ　モ　サ　バカション

Ilang taon ka na?
イラン タオン　カ　ナ

Ilan kayo sa pamilya ninyo?
イラン カヨ　サ　パミーリャ　ニニョ

① カラオケに行こう。

② みんなで飲もう。

③ あなたに会いたいです。

④ いつが都合がいいですか？

⑤ 君の都合のいい日はいつ？

⑥ どこで会いましょうか？

⑦ 何時に会いましょうか？

⑧ どこへ行きましょうか？

⑨ どこに行きたいですか？

⑩ いつ伺っていいですか？

語句 〈娯楽に関する言葉〉

sine「映画」 musika「音楽」
biyahe「旅行」 isport「スポーツ」

Mag-karaoke tayo.
マグ　カラオケ　タヨ

Mag-inuman tayo.
マグ イヌーマン　タヨ

Gusto kong magkita ka.
グスト　コン　マグキータ　カ

Kalian kayo puwede?
カイラン カーヨ　プウェデ

Anong araw ang mainam para sa iyo?
アノン　アラウ アン　マイナム　パラ　サ イヨ

Saang lugar tayo magkita?
サアン ルガール タヨ　マグキータ

Anong oras tayo magkita?
アノン オーラス タヨ　マグキータ

Saan tayo pupunta?
サアン　タヨ　ププンタ

Saan mo ba gustong pumunta?
サアン　モ　バ　グストン　プムンタ

Kailan po ba ako puwedeng bumisita sa inyo?
カイラン ポ　バ　アコ　プウェデン　ブミシータ　サ　イニョ

7日目 9 誘う、告白する

Track 52

① 映画を観よう。

② コンサートを見よう。

③ あなたの電話番号を教えてください。

④ 電話をかけてもいいですか？

⑤ あなたはかわいいですね。

⑥ あなたは美人ですね。

⑦ あなたが好きです。

⑧ あなたを愛しています。

⑨ 私にはあなたが必要です。

⑩ 君が必要だ。

語句
kyut「かわいい」
maganda「きれいな、美しい」
gusto「好きである」
mahal「愛する」

Manood tayo ng sine.
マノオッド　タヨ　ナン シネ

Manood tayo ng concert.
マノオッド　タヨ　ナン コンサート

Ituro mo sa aking ang telepon-number mo.
イトゥロ モ　サ　アキン　アン テレポン　ナンベル　モ

Puwede ba kitang tawagan?
プウェーデ バ　キタン　トワガン

Kyut ka naman.
キュート カ　ナマン

Maganda ka naman.
マガンダ　カ　ナマン

Gusto kita.
グスト　キタ

Mahal kita.
マハール キタ

Kailangan kita.
カイラーガン　キタ

Kailangan kita.
カイラーガン　キタ

① メニューを（持って来て）ください。

② あれと同じ料理をください。

③ どんな味ですか？

④ 味見してもいいですか？

⑤ カレカレを食べたいです。

⑥ エビ入りシニガンを食べたいです。

⑦ シニガンスープを食べたい。

⑧ こちらのほうがおいしいです。

⑨ フィリピン料理が好きです。

⑩ ハロハロがほしい。

語句 〈フィリピンの名物料理〉
kare-kare「カレカレ」（オックステール（牛の尻尾）と野菜をピーナッツとココナッツミルクで煮込んだ料理）

sinigang「シニガン」（酸味の効いたスープ）
lutong Pilipino「フィリピン料理」
halo-halo「ハロハロ」（デザートの名）

Pahingi ng menu.
パヒンギ ナン メニュー

Pahingi ng katulad niyon.
パヒンギ ナンカトゥーラッド ニヨン

Anong lasa?
アノン ラーサ

Puwede bang tikman?
プエデ バン ティクマン

Gusto kong kumain ng kare-kare.
グスト コン クマイン ナン カレ カレ

Gusto kong kumain ng sinigang na hipon.
グスト コン クマイン ナン シニガン ナ ヒーポン

Gusto kong kumain ng sinigang.
グスト コン クマイン ナン シニガン

Ito ang mas masarap.
イト アン マス マサラップ

Gusto ko ng lutong Pilipino.
グスト コ ナン ルートン ピリピーノ

Gusto ko ng halo-halo.
グスト コ ナン ハロ ハロ

7日目 11 飲み物を注文する Track 54

① ミネラルウォーターがほしいです。

② ココナッツジュースがほしいです。

③ コーヒーを飲みたいです。

④ ビールを飲みたいです。

⑤ 冷えたビールがほしい。

⑥ コーヒーを飲もうよ。

⑦ ビールを飲みましょう。

⑧ ビールを一杯ください。

⑨ もう一杯ください。

⑩ これは注文していません。

語句 〈フルーツジュース〉
buko juice「ココナッツジュース」
mango juice「マンゴージュース」
lychee juice「ライチジュース」
kalamansi juice「カラマンシージュース」

Gusto ko ng mineral water.
グスト　コ　ナン　ミネラル　ウォーター

Gusto ko ng buko juice.
グスト　コ　ナン　ブコ　ジュース

Gusto kong uminom ng kape.
グスト　コン　ウミノム　ナン　カペ

Gusto kong uminom ng beer.
グスト　コン　ウミノム　ナン　ビール

Gusto ko ng malamig na beer.
グスト　コ　ナン　マラミグ　ナ　ビール

Magkape tayo.
マグカペ　タヨ

Mag-beer na tayo.
マグ　ビア　ナ　タヨ

Pahingi ng isang beer.
パヒギ　ナン　イサン　ビール

Pahingi ng isa pa.
パヒギ　ナン　イサ　パ

Hindi namin ito inorder.
ヒンディ　ナミン　イト　インオルデル

① ジーンズ売り場はどこにありますか？

② 衣料品はどこですか？

③ 食料品はどこですか？

④ これはいくらですか？

⑤ これを試着してもいいですか？

⑥ あなたに似合っています。

⑦ バロン・タガログを買いたいです。

⑧ 民芸品を買いたいです。

⑨ お買いになる前によくご覧になってください。

⑩ 領収書をください。

語句 〈服、履き物〉

maong「ジーンズ」 pantalon「ズボン」
kamiseta「Tシャツ」 polo「襟つきシャツ」
palda「スカート」 tsinelas「サンダル」

Nasaan ang tindahan ng maong?
ナサアン　アン　ティンダハン ナン　マオン

Nasaan ang mga damit?
ナサアン　アン　マガ　ダミット

Nasaan ang mga pagkain?
ナサアン　アン　マガ　パッグカイン

Magkano ito?
マグカーノ　イト

Puwede ko bang isukat ito?
プウェデ　コ　バン　イスカット イト

Bagay sa iyo.
バーガイ サ　イヨ

Gusto kong bumili ng Barong Tagalog.
グスト　コン　ブミリ　ナン　バーロン　タガローグ

Gusto kong bumili ng Philippine Products.
グスト　コン　ブミリ　ナン　フィリピン　プロダクツ

Tingnan munang mabuti bago bilhin.
ティングナン　ムナン　マブーティ　バゴ　ビルヒン

Pahingi ng resibo.
パヒギ　ナン レシーボ

7日目 13 たずねる（1） Track 56

① マニラホテルへどのように行けばいいですか？

② あそこへどのように行けばいいですか？

③ ここからルネタ公園へどのように行けばいいですか？

④ あなたたちの家へどのように行ったらいいですか？

⑤ これはキアポ教会行きですか？〔ジプニー、バスで〕

⑥ ここに警察署はありますか？

⑦ ここに日本語の話せる医者はいますか？

⑧ ホテルで両替はできますか？

語句

doon / roon「あそこ」
rito / dito「ここ」
papuntang ～「～行き」
mag-Hapon「日本語を話す」
magpalit「替える」
pera「お金」

Paano pumunta sa Manila Hotel?
パアーノ　プムンタ　サ　マニラ　ホテル

Paano ang pagpunta doon?
パアーノ　アン　パグプンタ　ドオン

Paano ang pagpunta sa Luneta Park mula rito?
パアーノ　アン　パグプンタ　サ　ルネタ　パーク　ムラ　リート

Paano kami pupunta sa inyo?
パアーノ　カミ　ププンタ　サ イニョ

Papuntang Quiapo Church ba ito?
パプンタン　キアポ　チャーチ　バ イト

Mayroon bang estasyon ng pulis dito?
マイロオン　バン　イスタション ナン プリス ディート

May doktor ba rito na marunong mag-Hapon?
マイ ドクトール バ リート ナ　マルーノン　マグ　ハポン

Puwedeng magpalit ng pera sa hotel?
プウェデン　マグパリット ナン ペーラ サ　ホテル

① これはどういう意味ですか？

② それはどういう意味ですか？

③ これ、どうやればいいの？

④ それ、どうやればいいの？

⑤ どれとどれを選んだのですか？

⑥ どちらが似合いますか？

⑦ どちらへ行かれますか？

⑧ いつまでここにいますか？

⑨ どちらの出身ですか？

語句 〈いろいろな疑問詞〉
anong「どのような」　saan「どこ」
paano「どうやって」　kailan「いつ」
alin「どれ」

Anong ibig sabihin nito?
アノン イビッグ サビーヒン ニト

Anong ibig sabihin noon?
アノン イビッグ サビーヒン ノオン

Paano ba ito?
パアーノ バ イト

Paano ba iyan?
パアーノ バ イヤン

Alin-alin ang napili mo?
アリン アリン アン ナピーリィ モ

Alin po ba ang mas bagay sa akin?
アリン ポ バ アン マス バーガイ サ アーキン

Saan kayo pupunta?
サアン カヨ ププンタ

Hanggang kailan ka rito?
ハンガン カイラン カ リート

Taga saan ba kayo?
タガ サアン バ カヨ

① 空き部屋はありますか？

② もっと安い部屋はありますか？

③ シングルルームはありますか？

④ 朝食は付いていますか？

⑤ トイレ（と浴室）は付いていますか？

⑥ 部屋を見せてもらえますか？

⑦ 他の部屋を見せてもらえますか？

⑧ 明日、朝早くホテルを発たなければなりません。

⑨ タクシーを（電話で）呼んでください。

⑩ 私たちは駅へ行きます。〔タクシーで〕

語句
bakanteng kuwarto「空き部屋」
mas murang「もっと安い」
kasama「含む、付いている」
banyo「トイレ、浴室」
bukas ng umaga「明日の朝〔午前中〕」
estasyon「駅」

Mayroon ba kayong bakanteng kuwarto?
マイロオン　バ　カヨン　バカンテン　クワルト

Meron bang mas murang kuwarto?
メロン　バン　マス　ムーラン　クワルト

Meron bang single room?
メロン　バン　シングル　ルーム

May kasama bang agahan?
マイ　カサマ　バン　アガハン

May kasama bang banyo?
マイ　カサマ　バン　バーニョ

Puwede bang makita ang kuwarto?
プエデ　バン　マキータ　アン　クワルト

Puwede bang makita ang ibang kuwarto?
プエデ　バン　マキータ　アン　イバン　クワルト

Kailangan kong umalis ng hotel nang maaga bukas ng umaga.
カイラーガン コン ウマリス ナン ホテル ナン マアーガ ブーカス ナン ウマーガ

Pakitawag naman ng taksi.
パキタワッグ　ナマン　ナン タクシー

Pupunta tayo sa estasyon.
ププンタ　ターヨ　サ エスタション

① 銀行はどこですか？

② 郵便局はどこですか？

③ 郵便局は何時に開きますか？

④ 郵便局は何時に閉まりますか？

⑤ 切手をください。

⑥ この葉書を日本に送りたい。

⑦ 日本に手紙を送りたいのですが。

⑧ これを日本に出したいのですが。

⑨ この小包を日本に送りたいのですが。

⑩ マニラに送金したいです。

語句

bangko「銀行」
post office「郵便局」
anong oras「何時」
selyo「切手」
sulat「手紙」
ipadala「送る」
parcel「小包」
pera「お金」

Nasaan ang bangko?
ナサアン　アン　　バンコ

Nasaan ang post office?
ナサアン　アン　ポスト オフィス

Anong oras nagbubukas ang post office?
アノン オーラス　ナグブブカス　　アン　ポスト オフィス

Anong oras nagsasara ang post office?
アノン オーラス　ナグササラ　　アン　ポスト オフィス

Pabili ng selyo.
パビリ　ナン セーリョ

Gusto kong ipadala 'tong postcard sa Japan.
グスト　　コン　　イパダラ　　トン　ポストカアド サ　ジャパン

Gusto kong ipadala sa Japan〔Hapon〕ang sulat.
グスト　　コン　　イパダラ　サ ジャパン　　ハポン　　アン スーラット

Gusto kong ipadala ito sa Japan.
グスト　　コン　　イパダラ イト　サ ジャパン

Gusto kong ipadala itong parcel sa Japan.
グスト　　コン　　イパダラ　イトン　パルセル　サ　ジャパン

Gusto ko pong magpadala ng pera sa Manila.
グスト　コ　　ポン　　　マグパダラ　ナン ペーラ サ　　マニラ

① 熱があります。

② 吐き気がします。

③ どこが痛いですか？

④ 頭が痛いです。

⑤ のどが痛いです。

⑥ 歯が痛いです。

⑦ 昨日からお腹が痛みます。

⑧ 下痢をしています。

⑨ 寒気がします。

⑩ 眠いです。

語句
lagnat「熱」
ulo「頭」
lalamunan「のど」
ngipin「歯」
tiyan「お腹」
kahapon「昨日」
LBM〔Lose Bowel Movementの略〕「下痢」

May lagnat ako.
マイ ラグナット アコ

Para akong masusuka.
パラ アコン マススカ

Ano ang masakit sa iyo?
アノ アン マサキット サ イヨ

Masakit ang ulo ko.
マサキット アン ウーロ コ

Masakit ang lalamunan ko.
マサキット アン ララムーナン コ

Masakit ang ngipin ko.
マサキット アン ギイピン コ

Masakit ang tiyan ko mula kahapon.
マサキット アン チャン コ ムラ カハーポン

Nagtatae ako. / Nage-LBM ako.
ナグタタエ アコ ナグ エルビーエム アコ

Giniginaw ako.
ギニギナウ アコ

Inaantok ako.
イナアントック アコ

① ～をなくしました。

② ～を盗まれました。

③ 泥棒！

④ スリにあいました。

⑤ やめて！

⑤ 助けて！

⑦ 医者を呼んでください。

⑧ 救急車を呼んでください。

⑨ 警察を（電話で）呼んでください。

⑩ お金を持っていますか？

⑪ お金を貸してください。

語句
doktor「医者〔男性〕」
※doktora「医者〔女性〕」
ambulansya「救急車」
pulis「警察」
pera「お金」

Nawara ang aking ～ .
ナワラ　アン　アキン

Ninakaw ang aking ～ .
ニナカウ　アン　アキン

Magnanakaw!
マグナナーカウ

Nadukutan ako.
ナドゥクータン　アコ

Huwag!
フワッグ

Tulong!
トゥーロン

Tumawag kayo ng doktor.
トゥマーワッグ　カヨ　ナン ドクトー

Tumawag kayo ng ambulansya.
トゥマーワッグ　カヨ　ナン アムブラーンシャ

Pakitawag naman ng pulis.
パキタワッグ　ナマン　ナン　プリス

May pera ka ba?
マイ　ペーラ　カ　バ

Pahiram ng pera.
パヒラム　ナン ペーラ

＜付録＞

基本単語

1　お金関係

お金	pera　ペーラ
小銭	barya　バリャ
おつり	sukli　スクリ
価格、値段	presyo　プレショ
無料	libre　リーブレ
料金	bayad　バーヤッド
運賃	pamasahe　パマサーへ
円	yen　イエン
ペソ	piso　ピーソ
領収書	resibo　レシーボ
両替所	palitan ng pera　パリータン　ナン　ペラ

2　通信・郵便

電話	telepono　テレーポノ
携帯電話	cell phone　セル　フォーン
電話番号	numero ng telepono ヌメロ　ナン　テレーポノ
国際電話	overseas call　オーベルシーズ コール
公衆電話	teleponong pampubliko テレーポノン　パンプブリコ
長距離電話	long distance call ロング　ディスタンス　コール
チャット	chat　チャット
手紙	sulat　スーラット
葉書	pos card　ポス　カアド
切手	selyo　セーリョ
封筒	sobre　ソーブレ
小包	pakete　パケーテ
書留	rehistro　レヒストロ

3　自己紹介

名前	pangalan　パガラン
年齢	taon　タオン
住所	tirahan　ティラーハン
電話番号	numero ng telepono ヌメロ　ナン　テレーポノ
趣味	libangan　リバーガン
独身	binata　ビナータ〔男性〕 dalaga　ダラーガ〔女性〕
結婚している	may asawa　マイ　アサーワ
子供がいる	may anak　マイ　アナック
日本	Japan　ジャパン
日本語	wikang Hapon　ウィカン　ハポン
フィリピン	Pilipinas　ピリピナス
フィリピン語	Pilipino　ピリピーノ

4　家族

家族	pamilya　パミーリャ
父 お父さん	ama　アマ tatay　タータイ
母 お母さん	ina　イナ nanay　ナーナイ
兄 弟	kuya　クーヤ batang kapatid na lalaki バータン　カパティッド　ナ　ララーキ
姉 妹	ate　アテ batang kapatid na babae バータン　カパティッド　ナ　ババーエ
夫、妻	asawa　アサーワ
子供	anak　アナック
息子	anak na lalaki　アナック　ナ　ララーキ
娘	anak na babae　アナック　ナ　ババーエ
祖父	lolo　ローロ
祖母	lola　ローラ
孫	apo　アポ

5 人（1）

大人	may sapat na gulang マイ　サパット　ナ　グーラン
子供	bata　バータ
男性	lalaki　ララーキ
女性	babae　ババーエ
独身	binata　ビナータ〔男性〕 dalaga　ダラーガ〔女性〕
少年	binatilyo　ビナティーリョ
少女	dalagita　ダラギータ
恋人	kasintahan　カシンターハン syota　ショータ nobyo　ノビョ〔男性〕 nobya　ノビャ〔女性〕
友だち	kaibigan　カイビーガン
クラスメート	kaklase　カクラーセ
仲間、連れ	kasama　カサーマ

6　人（2）

日本人	Hapon Haponesa	ハポン〔男性〕 ハポネーサ〔女性〕
フィリピン人	Pilipino Pilipina	ピリピーノ〔男性〕 ピリピーナ〔女性〕
アメリカ人	Amerikano Amerikana	アメリカーノ〔男性〕 アメリカーナ〔女性〕
中国人	Intsik	インチック〔男性、女性共通〕
外国人	dayuhan	ダユーハン
客	mamimili	マーミミーリ
人	tao	ターオ
知り合い	kakilala	カキラーラ
幼なじみ	kababata	カババータ
おかま	bakla	バクラ
男のような女	tomboy	トムボーイ
いとこ	pinsan	ピーンサン
赤ん坊	sanggol	サンゴル

7　仕事、職業

仕事	trabaho	トラバーホ
給料	suweldo	スウェールド
会社	kompanya	コンパニヤ
会社員	empleyado	エンプレヤード
公務員	lingkod bayan	リンコッド　バヤン
店員	tindero tindera	ティンデーロ〔男性〕 ティンデーラ〔女性〕
弁護士	abogado	アボガード
教師	guro titser	グーロ ティーチェル
学生	estudyante	エストゥジャン
医者	doktor doktora	ドクトル〔男性〕 ドクトーラ〔女性〕
看護士	nars	ナルス
通訳者	interpreter	インタープリテル
家政婦	katulong	カトゥーロン

8　気持ち、感覚

楽しい、うれしい	masaya	マサヤ
悲しい	malungkot	マルンコット
恥ずかしい	mahiya	マヒヤ
驚く	magulat	マグーラット
幸せな	maligaya	マリガヤ
おもしろい	kawili-wili	カウィリウィリ
上手な	magaling	マガリン
おしゃれな	makisig	マキーシッグ
ダサい	baduy	バドゥイ
礼儀正しい	magalang	マガーラン
無礼な	bastos	バストス
暇な	libreng oras	リブレン　オラス
忙しい	abala	アバラ

9　街（1）

デパート	department store デパルトメント　ストア
市場	palengke　パレンケ
店	tindahan　ティンダーハン
レストラン	restawran　レストウラン
喫茶店	kapihan　カピハン
銀行	bangko　バンコ
郵便局	post office　ポスト　オフィス pos opis　ポス　オピス
公園	parke　パルケ park　パルク
教会	simbahan　シンバーハン
書店	tindahan ng libro ティンダーハン　ナン　リブロ
図書館	aklatan　アクラータン
映画館	sinehan　シイネハン

10 街（2）

駅	estasyon エスタション
広場	plaza プラザ
道路	daan ダアン
オフィス、事務所	opisina オピシーナ
学校	paaralan パアララン
家	bahay バハイ
雑貨店	sari-sari store サリサリ　ストアー
入口	pasukan パスカン
出口	labasan ラバサン
警察署	estasyon ng pulis エスタション　ナン　プリス
大使館	Embahada エンバハダ
交差点	kanto カント

11 食事

朝食	almusal	アルムサル
昼食	tanghalian	タンハリアヌ
夕食	hapunan	ハプーナン
メニュー	menu	メニュー
料理	luto	ルート
フィリピン料理	lutong Pilipino	ルートン　ピリピーノ
フォーク	tinidor	ティニドール
ナイフ	kutsilyo	クチーリョ
スプーン	kutsara	クチャーラ
皿	plato	プラート
小皿	platito	プラティート
コップ	baso	バーソ
カップ	tasa	ターサ

12 味、食欲

おいしい	masarap	マサラップ
甘い	matamis	マタミス
辛い	maanghang	マアンハン
塩辛い	maalat	マアーラット
酸っぱい	maasim	マアシム
苦い	mapait	マパイット
味が濃い	matapang	マターパン
味が薄い	matabang	マタバン
油っこい	mamantika	ママンティーカ
熟した	hinog	ヒノッグ
のどが渇く	mauhaw uhaw	マウーハウ ウハウ
お腹が空いた	gutom	グトム
お腹がいっぱい	busog	ブソッグ

13 食べ物（1）

パン	tinapay ティナーパイ
ご飯	kanin カーニン
魚	isda イスダッ
エビ	hipon ヒーポン
カニ	alimango アリマンゴ
肉	karne カルネ
牛肉	karne ng baka カルネ ナン バーカ
豚肉	karne ng baboy カルネ ナン バーボイ
鶏肉	karne ng manok カルネ ナン マノック
卵	itlog イトゥロッグ
野菜	gulay グーライ
じゃがいも	patatas パタータス
にんじん	karot カーロット

14　食べ物（2）

カレカレ	kare-kare ※オックステール（牛の尻尾）と野菜をピーナッツとココナッツミルクで煮込んだ料理。	カレ　カレ
バロット	balot	バロット
シニガンスープ	sinigang	シニガン
砂糖	asukal	アスカル
塩	asin	アシン
酢	suka	スカ
胡椒	paminta	パミンタ
揚げる	iprito pirituhin	イプリート ピリトゥヒン
炒める	igisa	イギサ
煮る	pakuluan	パクルアン
蒸す	pasingawan	パシガワン
焼く〔直火〕	iihaw	イーハウ
ゆでる	ilaga	イラーガ

15　飲み物

ミネラル ウォーター	mineral water　ミネラル　ウォーター
水	tubig　トゥービッグ
お湯	tubig na mainit トゥービッグ　ナ　マイーニット
コーヒー	kape　カペ
紅茶	tsaa　チャア
ミルク	gatas　ガータス
ジュース	juice　ジュース
ココナッツ ジュース	buko juice　ブコ　ジュース
お酒	alak　アーラック
ビール	beer　ビア
トゥバ	tuba　トゥバ ※ココナッツから作る酒
バーシ	basi　バーシ ※さとうきびから作る酒
氷	yelo　イエロ

16 果物、デザート

果物	prutas	プルータス
パパイヤ	papaya	パパヤ
マンゴー	mangga	マンガ
グアバ	bayabas	バヤーバス
パイナップル	pinya	ピーニャ
バナナ	saging	サーギン
りんご	mansanas	マンサーナス
いちご	strawberry	ストロベリ
デザート	panghimagas	パンヒマガス
揚げバナナ	banana-Q	バナナ　キュー
アイスクリーム	sorbetes	ソルベテス
ハロハロ	halo-halo	ハロ　ハロ
ジャックフルーツ	langka	ランカー

17 ショッピング

品物	bagay　バガイ
バロン・タガログ	barong Tagalog　バーロン　タガローグ ※フィリピンの男性が着る薄手の上着の民族衣装で正装でもある。
服	damit　ダミット
ジーンズ	maong　マオン
帽子	sombrero　ソンブレーロ
T シャツ	kamiseta　カミセータ
スカート	palda　パルダ
靴	sapatos　サパートス
おみやげ	pasalubong　パサルボン
おもちゃ	laruan　ラルアン
化粧品	kosmetiko　コスメーティコ
食品	pagkain　パッグカイン
売り場	bilihan　ビリハン

18　色、形、大きさ

色	kulay　クーライ
形	hugis　フギス
サイズ、大きさ	sukat　スーカット
青	asul　アスール
赤	pula　プラ
黄	dilaw　ディラウ
黒	itim　イティム
白	puti　プティ
緑	berde　ベルデ
紫	lira　リーラ
ピンク	rosas　ローサス
金色	kulay ginto　クーライ　ギント
銀色	kulay pilak　クーライ　ピーラック

19　駅、乗り物

駅	estasyon	エスタション
改札口	ticket gate	ティケット　ゲイト
片道切符	one way tiket	ワン　ウェイ　チケット
往復切符	balikang	バリカン
列車	tren	トレン
高架鉄道	LRT	エルアールティー
バス	bus	ブス
タクシー	taksi	タクシー
車	kotse	コーチェ
ジプニー	dyipni/dyip	ジプニー／ジップ
オートバイ	motor	モトール
自転車	bisikleta	ビシクレータ
トライシクル	traysikel	トライシケル

20　空港で

空港	airport　エアポート paliparan　パリパラン
飛行機	eroplano　エロプラーノ
パスポート	pasaporte　パサポールテ
チケット	tiket　チケット
入国審査	imigrasyon　イミグラション
税関	kustoms　クストムズ
免税	duty-free　デューティ フリー
免税店	duty-free shop デューティ フリー　ショップ
両替所	palitan ng pera　パリータン　ナン　ペラ
交換レート	palit　パリット
トイレ	C.R.　シーアール
バス乗り場	sakayan ng bus　サカヤン　ナン　ブス
タクシー乗り場	sakayan ng taksi　サカヤン　ナン　タクシー

21　ホテル（1）

ホテル	hotel otel	ホテル オテル
フロント	resepsyon	レセプション
鍵	susi	スースィ
テレビ	TV telebisyon	ティーヴィー テレビジョン
冷蔵庫	reprigyeretor	レプリジェレーター
テーブル	mesa	メーサ
椅子	upuan	ウプアン
ベッド	kama	カーマ
フェイスタオル	bimpo	ビムポ
毛布	kumot	クーモット
枕	unan	ウーナン
シャワー	dutsa	ドゥーチャ
洗濯物	labahin	ラバヒン

22 ホテル（2）

部屋	kuwarto	クワルト
ドア	pinto	ピント
窓	bintana	ビンターナ
置時計／腕時計	orsan / relo	オルサン／レロ
タオル	tuwalya	トゥワリャ
石けん	sabon	サボン
歯ブラシ	sipilyo	シピーリョ
ひげ剃り	pang-ahit	パンアヒット
風呂場	banyo	バーニョ
領収書	resibo	レシボ
一晩	isang gabi	イサン　ガビ
ゴミ	basura	バスーラ
ゴミ箱	basurahan	バスーラハン

23　持ち物（1）

財布	pitaka	ピタカ
クレジットカード	credit card	クレディット　カード
携帯電話	cell phone	セル　フォン
身分証明書	I. D.	アイ　ディー
荷物	bagahe kargada	バガーヘ カルガダ
スーツケース	maleta	マレータ
腕時計	relo	レロ
メガネ	salamin	サラミン
傘	payong	パーヨン
ハンカチ	panyo	パニョ
スカーフ	bandana	バンダーナ
帽子	sombrero	ソンブレーロ
くし	suklay	スクライ

24　持ち物（2）

薬	gamot	ガモット
地図	mapa	マパ
写真	litrato	リトラト
本	libro	リブロ
雑誌	magasin	マガシン
新聞	dyaryo	ジャーリョ
日本語の新聞	dyaryong Hapon	ジャーリョン　ハポン
辞書	diksyunaryo	ディクシュナリョ
ペン	ballpen	ボルペン
ノート	kuwaderno	クワデールノ
化粧品	kosmetiko	コスメーティコ
指輪	singsing	シインシイン
タバコ	sigarilyo	スィガリーリョ

25　病院、薬局

病院	ospital	オスピタル
外科	surgery	サージェリー
内科	medisina	メディシナ
歯科	dental surgery	デンタル　サージェリー
小児科	pediatrika	ペディアトリカ
産婦人科	hinekologo	ヒネコロゴ
薬局	parmasya botika	パルマーシャ ボティカ
薬	gamot	ガモット
処方箋	reseta	レセータ
体温計	termometro	テルモーメトゥロ
風邪薬	gamot sa sipon	ガモット　サ　シポン
頭痛薬	gamot sa sakit ng ulo ガモット　サ　サキト　ナン　ウロ	

26 病気、けが

病気	sakit　サキット
けが、傷	sugat　スーガット
熱	lagnat　ラグナット
咳	ubo　ウボ
風邪	sipon　スィポン
下痢	LBM　エルビーエム
血	dugo　ドゥゴ
やけど	paso　パーソ
痛み	sakit　サキット
貧血	anemik　アネーミック
便秘	tibi　ティビ
生理	regla　レグラ
妊娠	pagbubuntis　パグブブンティス

27 体調

熱がある	may lagnat	マイ　ラグナット
めまいがする	nahihilo	ナヒヒーロ
寒気がする	nanginginig	ナギギニッグ
吐き気がする	suska	ススーカ
ずきずき痛む	makirot	マキロット
痛い	masakit	マサキット
かゆい	makati	マカティ
ズキズキする	makirot	マキロット
眠い	inaantok	イナアントック
疲れた	napagod	ナパーゴッド
けがをしている	may sugat	マイ　スーガット
健康な	malusog	マルソッグ
病気がちな	sakitin	サーキーティン

28 顔、頭

顔	mukha	ムックハ
目	mata	マタ
耳	tenga	テンガ
鼻	ilong	イロン
ほほ	pisgi	ピスギ
口	bibig	ビビッグ
唇	labi	ラービ
歯	ngipin	ギーピン
舌	dila	ディーラ
のど	lalamunan	ララムーナン
首	leeg	レーグ
頭	ulo	ウーロ
髪の毛	buhok	ブホック

29 体（1）

体	katawan　カタワン
手	kamay　カマイ
腕	braso　ブラーソ
足	paa　パア
脚	binti　ビンティ
太もも	hita　ヒータ
ひじ	siko　スィーコ
ひざ	tuhod　トゥーホッド
くるぶし	bukang-bukong　ブカンブコン
肩	balikat　バリーカット
指	darili　ダリーリ
爪	kuko　クーコ
皮膚	balat　バラット

30 体（2）

背中	likod	リコッド
胸	dibdib	ディブディブ
心臓	puso	プーソ
肝臓	atay	アタイ
腎臓	bato	バト
胃	sikmura	シクムーラ
お腹	tiyan	ティヤン
腰	baywang	ベイワン
尻	puwit	プウィット
背の高い	matangkad	マタンカッド
背の低い	pandak	パンダック
太っている	mataba	マタバ
やせている	payat	パヤット

31　事故、災難、災害

火事	sunog	スーノッグ
地震	lindol	リンドル
洪水	baha	バハ
事故	aksidente	アクシデーンテ
盗難	pagkawala	パグカワラ
銃、ピストル	baril	バリル
警察	pulis	プリス
警察官	pulis	プリス
救急車	ambulansya	アムブランシャ
入院	pagpasok sa ospital パグパソク　サ　オスピタル	
検査	ispekto	イスペクト
手術	opera	オペラ
注射	iniksyon	イニクション

32 天気、気候、自然

晴れ	umaraw　ウマラウ
くもり	maulap　マウーラップ
雨	ulan　ウラン
風	hangin　ハンギン
雷	kidlat　キドラット
台風	bagyo　バギョ
海	dagat　ダーガット
山	bundok　ブンドック
火山	bulkan　ブルカン
川	ilog　イーロッグ
太陽	araw　アーラウ
暑い、暖かい	mainit　マイーニット
涼しい、寒い	presko　プレースコ、malamig　マラミッグ

セブアノ語（Cebuano）の基本フレーズ

主にセブ島、ボホール島、ネグロス島（東部）、レイテ島（南西部）、ミンダナオ島（北東部）で話されています。

●あいさつ

おはよう。	Maayong buntag. マーヨン　ブンタッグ
こんにちは。	Maayong hapon. マーヨン　ハポン
こんばんは。	Maayong gabi-i. マーヨン　ガビイ
さようなら。	Bahay. ババイ
お元気ですか？	Komusta ka? コムスタ　カ
ありがとう。	Salamat. サラマト
どういたしまして。	Walay sapayan. ワライ　サパヤン

●返事

はい。	Oo. オオ
いいえ。	Dili. ディリ

●たずねる

何？	Unsa? ウンサ
どこ？	Asa? アサ
いつ？	Kanus-a? カヌス　ア
誰？	Kinsa? キンサ
いくら？	Pila? ピラ
～はありますか？	Nahimo ba nimo ～ ? ナヒモ　バ　ニモ
これは何ですか？	Unsa ni? ウンサ　ニ
知りません。	Ambot. / Di ko kahibalo. アムボット　デ　コ　カヒバロ
あなたのお名前は何ですか？	Unsay imong ngalan? ウンサイ　イモン　ンガラン
どこに住んでいますか？	Asa ka gapuyo? アサ　カ　ガプヨ

●気持ちを伝える

私は～がほしい。	Gusto nako ～ . グスト　ナコ
お願いします。	Palihog. パリホグ
愛している。	Gihigugma ko ikaw. ギヒググマ　コ　イカウ

イロカノ語（Ilocano）の基本フレーズ

ルソン島北部では多数派で、この地方の多くの少数民族の共通語でもある。イロコ語とも呼ばれています。

●あいさつ

おはよう。	Naimbag nga bigat. ナイムバッグ　ンガ　ビガット
こんにちは。	Naimbag nga malem. ナイムバッグ　ンガ　マレム
こんばんは。	Naimbag nga rabii. ナイムバッグ　ンガ　ラビイ
さようなら。	Agpakadaak. アグパカダーク
お元気ですか？	Kasanu kan? カサヌ　カン
ありがとう。	Agyamanak. アギャマナック
どういたしまして。	Saan mon nga ibaga. サーン　モン　ンガ　イバガ

●返事

はい。	Wen. ウエン
いいえ。	Saan. / Haan. サーン　ハーン

●たずねる

何？	Ania? アニア
どこ？	Adinno? / Ayanna? アディンノ　アヤンナ
いつ？	Kaano? カアノ
誰？	Sino? / Sinno? シノ　シンノ
いくら？	Mano? マーノ
～はありますか？	Adda ～ ? アッダ
これは何ですか？	Ania daytoy? アニア　ダイトイ
知りません。	Haan ko nga ammo. ハアン　コ　ンガ　アッモ
あなたのお名前は何ですか？	Ania ti nagan mo? アニアティ ナガン　モ
どこに住んでいますか？	Pagianam? パギアナム

●気持ちを伝える

私は～がほしい。	Kayat ko ti ～ . カヤット　コ　ティ
お願いします。	Pangaasim. パンガーシム
愛している。	Ay-ayaten ka. アイ　アヤテン　カ

著者
佐川年秀（さがわ・としひで）
埼玉県生まれ。大学卒業後、公務員を経て、サガワ・アジア・リサーチ・サービスを設立。アジアの投資調査などに従事し、現地企業と日本企業を結ぶパイプ役を果たしている。日本に住むアジア各国の人々に対する日本語教育のボランティア活動にも参加、相互理解友好を深めて、現在に至る。
著書：『たったの72パターンでこんなに話せるフィリピン語会話』（明日香出版社）、『改訂版　旅のアジア語』（KADOKAWA）など。

フィリピン語が1週間でいとも簡単に話せるようになる本

2024年 7月 17日 初版発行

著者	佐川年秀
発行者	石野栄一
発行	明日香出版社
	〒112-0005 東京都文京区水道 2-11-5
	電話 03-5395-7650
	https://www.asuka-g.co.jp
カバーデザイン	株式会社ヴァイス　目黒眞
本文デザイン	末吉喜美
本文イラスト	たかおかおり
印刷・製本	株式会社フクイン

ISBN978-4-7569-2357-8

たったの 72 パターンで こんなに話せるフィリピン語会話

佐川 年秀

「〜はどう？」「〜だといいね」など、決まった基本パターンを使い回せば、フィリピン語で言いたいことが言えるようになります！　好評既刊の『72 パターン』シリーズの基本文型をいかして、いろいろな会話表現が学べます。

本体価格 1800 円＋税　B6 変型　〈216 ページ〉　2017/05 発行　978-4-7569-1904-5

たったの 72 パターンで こんなに話せる韓国語会話

李 明姫

日常会話でよく使われる基本的なパターン（文型）を使い回せば、韓国語で言いたいことが言えるようになります！　まず基本パターン（文型）を理解し、あとは単語を入れ替えれば、いろいろな表現を使えるようになります。

本体価格 1800 円＋税　B6 変型　〈216 ページ〉　2011/05 発行　978-4-7569-1461-3

たったの 72 パターンで こんなに話せる台湾語会話

趙 怡華

「〜したいです」「〜をください」など、決まったパターンを使い回せば、台湾語は誰でも必ず話せるようになる！　これでもうフレーズ丸暗記の必要ナシ。言いたいことが何でも言えるようになります。台湾語と台湾華語（公用語）の 2 言語を併記。

本体価格 1800 円＋税　B6 変型　〈224 ページ〉　2015/09 発行　978-4-7569-1794-2

たったの 72 パターンで こんなに話せるイタリア語会話

ビアンカ・ユキ
ジョルジョ・ゴリエリ

「~はどう?」「~だといいね」など、決まったパターンを使い回せば、イタリア語は誰でも必ず話せるようになる！　これでもうフレーズ丸暗記の必要ナシ。この 72 パターンを覚えれば、言いたいことが何でも言えるようになります。

本体価格 1800 円＋税　B6 変型　〈224 ページ〉　2010/07 発行　978-4-7569-1397-5

たったの 72 パターンで こんなに話せるフランス語会話

小林 知子
エリック・フィオー

「~はどう?」「~だといいね」など、決まったパターンを使い回せば、フランス語は誰でも必ず話せるようになる！　これでもうフレーズ丸暗記の必要ナシ。この 72 パターンを覚えれば、言いたいことが何でも言えるようになります。

本体価格 1800 円＋税　B6 変型　〈224 ページ〉　2010/08 発行　978-4-7569-1403-3

たったの 72 パターンで こんなに話せるスペイン語会話

欧米・アジア語学センター
フリオ・ルイス・ルイス

日常会話でよく使われる基本的なパターン（文型）を使い回せば、スペイン語で言いたいことが言えるようになります！　まず基本パターン（文型）を理解し、あとは単語を入れ替えれば、いろいろな表現を使えるようになります。

本体価格 1800 円＋税　B6 変型　〈224 ページ〉　2013/02 発行　978-4-7569-1611-2

イタリア語会話フレーズブック

ビアンカ・ユキ
ジョルジョ・ゴリエリ

日常生活で役立つイタリア語の会話フレーズを2900収録。状況別・場面別に、よく使う会話表現を掲載。海外赴任・留学・旅行・出張で役立つ表現も掲載。あらゆるシーンに対応できる、会話表現集の決定版！

本体価格 2800 円＋税　B6 変型　〈360 ページ〉　2007/03 発行　978-4-7569-1050-9

フランス語会話フレーズブック

井上 大輔／エリック・フィオー
井上 真理子

フランス好きの著者と、日本在住のフランス人がまとめた、本当に使えるフランス語会話フレーズ集！基本的な日常会話フレーズだけでなく、読んでいるだけでためになるフランス情報ガイド的な要素も盛り込みました。

本体価格 2800 円＋税　B6 変型　〈416 ページ〉　2008/01 発行　978-4-7569-1153-7

スペイン語会話フレーズブック

林 昌子

日常生活で役立つスペイン語の会話フレーズを2900収録。状況別に、よく使う会話表現を掲載。スペイン語は南米の国々でも使われています。海外赴任・留学・旅行・出張で役立つ表現も掲載。あらゆるシーンに対応できる会話表現集の決定版！

本体価格 2900 円＋税　B6 変型　〈408 ページ〉　2006/05 発行　978-4-7569-0980-0